Esperando o Amor Chegar

Esperando o Amor Chegar

Exercícios para transformar sua vida

IYANLA VANZANT

Autora de *Enquanto o Amor não vem*

SEXTANTE

tradução
Gisley Rabello Ferreira
Word Link Traduções

preparo de originais
Regina da Veiga Pereira

capa
Alexandra Graham/Mango Design

diagramação
Marcia Raed

revisão
Antonio dos Prazeres
Sérgio Bellinello Soares

fotolitos
Mergulhar Serviços Editoriais Ltda.

impressão
Geográfica e Editora Ltda.

Miolo impresso em Chamois Bulk Dunas 90g/m²

CIP-BRASIL. CATALOGAÇÃO-NA-FONTE
SINDICATO NACIONAL DOS EDITORES DE LIVROS, RJ

V383e Vanzant, Iyanla, 1953
Esperando o amor chegar
/ Iyanla Vanzant ; tradução de Gisley Rabello Ferreira, Word Link Traduções. - Rio de Janeiro: Sextante, 2002

Tradução de: Living through the meantime
ISBN 85-7542-028-3

1. Amor - Aspectos religiosos. 2. Vida espiritual.
I. Título.

02-1231 CDD 158.2
CDU 158.94

Editora Sextante (GMT Editores Ltda.)
Av. Nilo Peçanha, 155 - Gr. 301 - Centro
2002-100 - Rio de Janeiro - RJ
Tel.: (21) 2524-6760 - Fax: (21) 2524-6755
Central deAtendimento: 0800 22 6306
E-mail:atendimento@esextante.com.br
www.esextante.com.br

AGRADECIMENTOS

Agradeço a Deus, em todos os seus nomes consagrados, a Origem e o centro de minha vida, pelo bem que fiz e no qual me tornei.

Agradeço humildemente a Obatala e Osun, as expressões celestiais de Deus que me escolheram como instrumento de expressão.

Agradeço a VOCÊ! Por sua vontade de crescer e de conhecer a verdade sobre si, a vida e a Origem.

Agradeço humildemente à equipe, aos alunos e aos patrocinadores da Inner Visions Worldwide Network, por seu incansável apoio e esforço, o que possibilitou uma cooperação constante.

Agradeço humildemente a meus filhos por nascimento, Damon Keith, Gemmia Lynnette e Nisa Camille, e também a meu filho por adoção, J. Alexander Morgan, por jamais reclamarem em todos esses anos durante os quais viveram o *meio-tempo* comigo.

Agradeço a existência das tortas de chocolate, do sorvete de café Häagen-Dazs, do café Folgers e dos *croissants* com peru defumado, algumas das maiores alegrias que alguém pode ter durante a vivência do *meio-tempo*.

Agradeço humildemente ao amor de minha vida, Adeyemi Bandele, por ser um companheiro e tanto.

SUMÁRIO

INGRESSANDO NO MEIO-TEMPO

É NECESSÁRIO FAZER UMA FAXINA ANTES DA MUDANÇA

boas-vindas! Se você está com este livro nas mãos, é porque algo maravilhoso vai acontecer em sua vida e com você. Nada acontece ao acaso, e as coisas nos chegam quando precisamos delas. Aproveite esta oportunidade!

Talvez você, neste momento, tenha a sensação de que a sua vida ou uma parte dela está ruindo. Eu compreendo, porque muitas vezes me senti assim. Por isso mesmo, posso lhe afirmar: não acredite nisso! As crises – mesmo as mais sofridas – são preciosas para nos mostrar novos caminhos e reformular a vida da maneira que profundamente desejamos!

Este livro vai ajudar você a reunir os pedaços de sua vida. Cada milímetro de seu ser emocional e espiritual será vasculhado. Organizaremos a bagunça, retiraremos os entulhos, eliminaremos as goteiras e os rangidos, e tentaremos não só identificar os problemas, mas também encontrar as soluções para eles. É claro que não é fácil nem imediato, e vai exigir esforço e persistência de sua parte. Mas, por favor, quando quiser desanimar, lembre-se de que vale a pena investir, porque o resultado final lhe trará muita alegria e a felicidade que você busca há tanto tempo.

TUDO PRONTO PARA O TRABALHO?

Se você já leu meu livro *Enquanto o Amor não vem,* sabe o que eu chamo de *meio-tempo.* Como o nome diz, é um momento de transição em direção a um novo patamar de vida. É o momento em que você se dá conta de que existe um problema que impede a sua felicidade e, apesar de não saber direito o que é, nem o que fazer, decide que vai parar de fugir ou negar, e vai investir para descobrir do que se trata. É um momento decisivo de crescimento, que exige paciência e confiança, porque há uma enorme riqueza no processo que vai levar ao resultado. Por favor, peço-lhe com insistência, valorize o processo, valorize seu esforço, valorize cada pequena conquista ou descoberta. E persista, persista, persista. Você vai chegar lá!

No *meio-tempo,* você entra em contato com todas as experiências de sua vida que não lhe deram prazer - ou mesmo com as que causaram sofrimento -, não para julgar-se e recriminar-se, mas para compreendê-las. Você vai descobrir que todo passo ou tropeço que você deu no correr de sua história levou a esse momento. Você fez o que tinha condições de fazer, com a bagagem que possuía, nas circunstâncias em que as experiências aconteceram, e, neste sentido, não há motivo nenhum para culpar-se.

Aos poucos, no correr da vida, você foi percebendo que o que havia de mais profundo e fundamental em sua alma era a capacidade de amor - dar e receber amor -, mas, por várias razões e apesar de percebê-lo, sentiu um bloqueio, uma dificuldade, uma resistência. O *meio-tempo* é o momento de romper com tudo isso e deixar fluir o amor que você se propõe a dar e a receber.

Durante o *meio-tempo,* você pode às vezes ter a *impressão* de que pisa num terreno instável. Mas a verdade é que você está sobre um *solo sagrado.* Sabe por quê? Porque o *meio-tempo* é baseado na verdade. A verdade sobre quem você é, o que faz, o que deseja, o que vê, o que sabe e o que não sabe. Sobretudo a verdade sobre a sua forma de viver cada situação, seja ela qual for. É essa verdade que faz do *meio-tempo* uma experiência tão maravilhosamente libertadora.

No *meio-tempo,* você se engaja em um processo de Cura Sagrada, porque, no nível mais profundo da sua alma, você sabe que o amor é o único caminho para conseguir o que deseja realmente.

ONDE ESTÁ A BAGUNÇA?

É importante começar descobrindo em que nível você está. Sabe como? Identificando o sentimento que move ou paralisa você. Porque, quando algum sentimento nos aprisiona, não conseguimos nos mover em nenhuma direção. O nosso *sentimento* determina o tipo de trabalho que devemos realizar para conseguir vivenciar o *meio-tempo.* Para você entender melhor, vamos usar o seguinte guia básico para definir o local onde você se encontra:

a pessoa está trabalhando no porão quando se sente desapontada, traída, rejeitada, e/ou acha que se encontra onde está por culpa de alguém. Ela tem um problema, mas não sabe qual é.

a pessoa está trabalhando no primeiro andar quando se sente irritada, amedrontada, confusa, infeliz e/ou apreensiva, ou acredita que sua vida está desmoronando. Ela tem um problema, mas ainda não sabe qual é.

a pessoa está trabalhando no segundo andar quando está terminando um. relacionamento que não deseja que acabe, deixando um emprego que não tinha coragem de deixar, voltando a estudar, mudando para um novo local apenas para se livrar do antigo, abrindo um negócio porque foi demitida do emprego e/ou enfrentando um sério problema de saúde por falta de amor-próprio. Ela tem um problema, sabe qual é, mas não sabe o que fazer.

a pessoa está presa entre o segundo e o terceiro andar quando começa a se perguntar: "Por que eu? Por que isso agora? Por que tenho que fazer isso? Como é que pode? Como vou fazer isso? Quando isso vai acabar? Quando isso vai começar? Que diabo está acontecendo?" Ela tem um problema, sabe qual é, sabe o que fazer, mas tem medo.

a pessoa está trabalhando no terceiro andar quando procura terminar um relacionamento problemático, quando se sente pronta para perdoar aqueles que a magoaram ou para perdoar a si mesma por ter permanecido em relacionamentos e situações que a prejudicavam, e/ou quando está pronta para assumir total responsabilidade por cada aspecto de sua vida. Os problemas se transformaram em desafios, e a pessoa sente-se capaz de lidar com eles.

a pessoa está trabalhando no sótão quando diz ou sente: "Como sou grata! Quanta esperança! Estou pronta para assumir minha vida! Estou aberta para acolher e enfrentar o que vier!"

VEJA SE VOCÊ ESTÁ NO LUGAR CERTO!

Só por medida de segurança, vamos fazer um breve resumo para ter certeza de que este é o livro de que você precisa.

Você está no *meio-tempo* se:

- Alguma coisa que aconteceu em sua vida gerou confusão, irritação, desapontamento e frustração.
- Você acabou de perder o emprego, se divorciou, sofreu uma rejeição amorosa, fez uma cirurgia ou saiu da prisão.
- Você tem medo, ansiedade, passa por muitos altos e baixos, tem um profundo sentimento de derrota, autocomiseração, insatisfação, infelicidade, indiferença profunda ou destruição total.

Mas, preste atenção: se os seus sentimentos são de rancor, depressão ou vingança, se ao pensar em determinada pessoa ou situação, você experimenta ódio e desejo de revidar, **você não está no *meio-tempo*.** Você está num vale!

A grande diferença entre a experiência do vale e a do *meio-tempo* é que, quando você se encontra no vale, não tem nenhuma disposição para examinar-se, para descobrir e aceitar a verdade sobre si. Você faz questão de *"manter tudo do seu jeito"* e fica repetindo *"Sou assim mesmo, quem quiser que me aceite como sou"*, mesmo sabendo que esse seu jeito não tem trazido felicidade para você. Se está num vale, é provável que grite de raiva, quebre pratos, fale horrores de alguém e sinta-se vítima das situações e dos outros - *de novo!* Seu discurso possivelmente é o seguinte: "Dei tudo de mim e me dei mal - *de novo!*" ou então "Voltei atrás para tentar acertar, mas me ignoraram, me abandonaram, me destrataram - *de novo!*".

Se você se reconhece nessa descrição, é sinal de que está num vale, culpando todos os outros pelas experiências dolorosas que lhe acontecem, sem querer assumir qualquer responsabilidade. Então, este não é o livro que vai lhe ajudar. Escrevi, para os que estão no vale, *The Value in the Valley* (O valor no vale), porque tenho a convicção de que é possível sair desse lugar.

O *meio-tempo* é uma experiência muito diferente. A pessoa que está no *meio-tempo* sente mágoa, mas não culpa os outros, a menos que se encontre no porão. Sente muita raiva, mas quer perdoar, mesmo que o perdão signifique reconhecer que *você errou,* que fez a escolha errada. Apesar da confusão, você não se esconde debaixo das cobertas, nem tenta fugir. Mesmo timidamente, você se dispõe a enfrentar a situação.

Se for este o seu caso, você encontrará neste livro um grande aliado. Cabe agora a você definir onde se encontra e descobrir aonde quer chegar com nosso trabalho.

VOCÊ VAI AMAR SUA NOVA CASA!

Durante o *meio-tempo,* você vai se perguntar muitas vezes: "*O quê?* O que posso fazer? O que foi que eu fiz? O que devo fazer? O que estou aprendendo?" "*Como* posso interromper esse ciclo que me causa tanto sofrimento? Como chegar lá?" Você também vai se perguntar: "*Por quê?* Por que estou aqui? Por que isso está acontecendo? Por que agora?"

Quero dizer uma coisa para você, que sente dor, confusão, desânimo, desalento. **Você chegou ao *meio-tempo* para aprender sobre o amor.**

O amor não dói. Ele nos guia suavemente para o melhor lugar possível. O amor não destrói, não maltrata, não culpa. Ele abre nossos olhos, clareia nossas mentes e, acima de tudo, abre nossos corações para a experiência maior de nós mesmos.

Eu reconheço que há momentos e situações em que o amor *parece* ter nos abandonado completamente. Mas isso é mera aparência. As coisas raramente são o que aparentam, e o objetivo da experiência do *meio-tempo* é guiar-nos para além das aparências até a nossa verdadeira essência: o amor. Quando você sentir desamparo em uma determinada situação, repita para si: "Este momento vai passar e eu vou descobrir mais tarde a bênção que ele me trouxe." A bênção do crescimento no amor por si e pelos outros.

Este livro de exercícios vai lhe perguntar muitas vezes se houve um movimento seu em direção a um comportamento ou atitude mais amorosos, ou se você caiu de novo no padrão habitual do medo, da mesquinharia, ou no comportamento mais comum dos seres humanos: a inconsciência do que sente e do que faz.

Lembre-se, a vida é um dom que, em qualquer circunstância, espera de nós um comportamento amoroso. Espero e desejo que o trabalho que vamos realizar neste livro ajude você a desenvolver uma consciência amorosa. Isto fará a sua felicidade, a das pessoas com quem você convive, e contribuirá para que o mundo seja um lugar melhor para todos.

O QUE É UM COMPORTAMENTO AMOROSO

A meu ver, a maneira mais amorosa de se comportar em qualquer experiência é:

- Pedir exatamente o que você deseja.
- Falar serenamente toda a verdade sobre o que deseja.
- Deixar claro para as pessoas com quem você convive o que espera delas.

- Pedir esclarecimentos para saber exatamente o que esperam de você.
- Falar serenamente a verdade sobre sua capacidade de realizar o que os outros esperam de você.
- Renegociar qualquer acordo que você tenha feito, quando achar que não tem condições de mantê-lo.
- Respeitar seus próprios sentimentos e fazê-los ser respeitados pelas pessoas que participam de sua vida.
- Ouvir e acolher os desejos e as expectativas dos outros, mesmo sabendo que não tem obrigação de fazer algo em relação a eles, a não ser ouvi-los e acolhê-los.
- Nunca se desrespeitar ou negar quem você é e o que sente só para agradar alguém.
- Ter disposição para desistir do que deseja ou espera quando a desistência for por um bem maior, como curar uma dor ou gerar mais amor.
- Ter disposição para perdoar as pessoas pelas coisas que fizeram ou deixaram de fazer, por medo ou num momento de raiva.
- Ter disposição para se perdoar pelas coisas que fez ou deixou de fazer, por medo ou num momento de raiva.
- Abençoar cada experiência vivida e pedir que a vontade de crescer e a compreensão divina sejam concedidas a você e às outras pessoas.

ARREGACE AS MANGAS!

Este livro de exercícios foi criado para ajudar a examinar as situações que levaram você ao *meio-tempo*. Pode ser que, no início, alguns tópicos pareçam não ter importância. CONFIE NO PROCESSO! Já vivi essa experiência, já senti o que você sente e vai sentir, e por isso posso lhe afirmar: tudo é importante! À medida que for avançando no processo, você irá descobrir que tudo o que precisa saber lhe será revelado.

O objetivo do trabalho do *meio-tempo* é identificar esse algo que você pensa, acredita, diz ou faz que impede você de alcançar o amor e a felicidade que deseja. Vou pedir para você escrever bastante até que a situação se torne clara e você consiga se libertar daquilo que leva a experiências penosas e indesejadas. Por favor, não se assuste, nem reaja pensando que não tem talento para escrever. Todos nós temos, é só botar no papel o que vem à cabeça e ao coração.

Há algumas coisas que podem ser feitas para tornar o processo de cura mais eficaz no *meio-tempo:*

PERDOE-SE!

Você nunca fez nada de errado! Perdoar-se é saber disso profundamente. Além do mais, todas as pessoas que você encontrou no correr da vida são tão inocentes quanto você! (Respire fundo! Você entenderá o que estou falando mais tarde.)

CONFIE EM VOCÊ!

Você é uma expressão única de Deus (é assim que eu o chamo, mas dê o nome que preferir a essa energia criadora que está no universo e no íntimo de nós), e por isso tem valor e é confiável, pois sabe realmente o que fazer.

APÓIE-SE!

Você merece uma palavra amorosa, um pensamento positivo, um gesto amoroso de vez em quando. Por isso, ofereça-os a você!

RESPEITE-SE!

Pare de criticar, julgar, rejeitar, negar o que você sente e o que é!

FORTIFIQUE-SE!

Descanse bastante. Coma alimentos saudáveis! Passe algum tempo em silêncio, tranqüilamente, num lugar bonito e isolado, de preferência na natureza. E não esqueça do lazer! O divertimento é essencial para a qualidade de vida.

COMPROMETA-SE CONSIGO!

Invista cada dia para dar um pequeno passo em direção a algum objetivo diário, semanal ou mensal!

AME-SE!

No dia em que você entrou no mundo ele foi transformado! Por isso é que vale a pena festejar sua vida no dia de aniversário. Você é um ser único, original e precioso. Saiba disso, saiba que Deus ama, precisa e deseja você!

MÃOS À OBRA

Este livro de exercícios é um processo de cura criado para ajudar você a lembrar do que esqueceu, a tomar consciência de coisas reprimidas ou ignoradas, a tomar contato com partes suas que ainda não conhece. Para realizar qualquer uma dessas coisas, há um processo. Não tente se apressar ao fazer os exercícios deste livro. Não vai funcionar! A cura leva tempo, portanto, sinta-se à vontade para concluir os exercícios no ritmo que lhe convier. Lembre-se, trata-se de um processo de cura, não é teste nem dever escolar.

Sugiro que você use um caderno para fazer os exercícios. Desta forma, você poderá voltar a uma determinada página quantas vezes achar necessário. Deixe a escrita fluir, não se critique e, sobretudo, respeite os seus sentimentos. Você vai ver como irá adquirindo mais transparência, mais clareza, e atingindo progressivamente uma grande paz interior.

Seus sentimentos são as chaves de que você necessita para se libertar em direção ao amor. Se, em algum momento, você tiver muita necessidade de expressar seus sentimentos, use o caderno. Seja com irritação, tristeza, entusiasmo, felicidade, confusão, frustração ou raiva intensa, você deve se expressar. É bom para a alma. Expressar-se também ajuda na compreensão do que está sentindo em seu íntimo, antes de partir para agredir alguém!

É melhor também usar lápis em vez de caneta, já que, à medida que as idéias forem clareando, você poderá incluir ou retirar trechos das respostas. Mas o importante é fazer da maneira que você preferir.

DEVAGAR E SEMPRE É A MELHOR MANEIRA

Fazer um exercício por dia é ótimo. Melhor ainda é fazer um a cada três ou quatro dias. Ou voltar atrás quantas vezes forem necessárias.

Trabalhe da maneira que preferir. Pode seguir a ordem do livro e fazer um exercício de cada vez. Pode abrir o livro em qualquer página e começar a trabalhar naquela seção específica. Há muitas opções. Mas, se quando estiver trabalhando neste livro você sentir medo, resistência ou sua mente der um branco,

PARE! Respire fundo algumas vezes e relaxe o corpo. Faça um alongamento, dê uma volta e beba um pouco d'água antes de prosseguir. Se a dificuldade persistir, não insista, espere até que volte o impulso e você possa se expressar mais facilmente.

RESPIRE!

Espero que durante o processo de trabalho neste livro, você faça muitas descobertas. É possível que perceba que as coisas que fez no correr da vida lhe trouxeram prejuízo ou não correspondiam ao seu desejo mais profundo. Quando isso acontecer, talvez você tenha a impressão de que *"fez tudo errado"*. Nesse caso, pare e respire durante algum tempo. Respire longa e profundamente, levando o ar até a parte de seu corpo onde sente mais tensão! (Em mim é o centro do peito.) Você não errou e nunca fez nada de errado. Pode ter perdido o controle em um determinado momento, mas nunca errou! Lembre-se, o local onde você se encontra é justamente onde precisa estar para conseguir ir aonde deseja. Respire fundo e, ao expirar, mande embora com o ar o medo e a culpa. Isso ajudará você a ir aonde deseja chegar.

Se em algum momento, durante o trabalho neste livro, você sentir a respiração difícil, mais uma vez, PARE! Feche o livro. Tome uma ducha prolongada ou um banho de banheira com água morna e perfumada. Tente novamente em outra hora. O corpo conhece o seu limite. Não ultrapasse esse limite. Esta não é a atitude mais amorosa para com você durante um processo de cura. Trate-se com o carinho e a paciência que você teria com alguém muito querido.

Para começar qualquer exercício, escolha um horário e um local em que não haja interrupção. Se tiver vontade, tome antes um banho relaxante. Uma música ambiente suave também pode ajudar. Além disso, deixe vir à tona o que surgir espontaneamente, seja o que for. Se sentir necessidade de bater o pé, gritar, chorar, rir ou jogar alguma coisa *inquebrável* na parede - VÁ FUNDO! Você está em segurança! Você pode! Só não esqueça de respirar. O amor está sempre por perto. Respirar permite levar para dentro do seu ser todo o amor de que precisa e mandar embora aquilo que lhe faz mal.

NÃO SE ESQUEÇA DE CUIDAR DE VOCÊ

Cada seção deste livro também oferece um **Exercício de cuidados** para ser usado *antes de começar* e *ao terminar* um exercício. Preparei esses exercícios para que as descobertas não lhe causem impacto negativo e para que você as veja apenas como instrumentos para a sua libertação. Os exercícios de fechamento, depois de terminado o trabalho, servem para integrar o que foi descoberto.

Há também um **Glossário** no final do livro. Se você não souber ao certo como transformar suas escolhas ou sua forma de agir em relação a uma determinada situação, ele ajudará a fazer uma escolha com amor.

ATENÇÃO! VOCÊ FARÁ UMA ATIVIDADE NOVA!

Em algumas páginas, você terá que escrever com a mão não-dominante. Se for uma pessoa destra, escreverá com a mão esquerda; se for canhota, com a mão direita. A finalidade é reprogramar o seu consciente em relação ao problema do qual você está se curando. Esses exercícios exigirão concentração e energia. Quanto mais energia for produzida, maior será a cura promovida. Não se preocupe com a aparência da escrita, pois não se trata de um projeto de arte! Trata-se de um processo de cura. A cura requer concentração e esforço.

"ONDE FOI MESMO QUE EU COLOQUEI...?"

Ao longo do processo, talvez você sinta que não consegue encontrar as palavras certas para algo que deseja escrever. Nessas horas, aconselho que estimule os **Pontos acionadores** da mente. Vou explicar o que é isso.

Se você é uma pessoa destra, posicione o segundo e o terceiro dedos da mão direita no centro da sobrancelha esquerda. Coloque o polegar sobre a sobrancelha direita. Se você é uma pessoa canhota, posicione o segundo e o terceiro dedos no centro da sobrancelha direita. Coloque o polegar sobre a sobrancelha esquerda.

Massageie com cuidado essas áreas por cerca de trinta segundos enquanto pensa sobre o que realmente deseja escrever.

Se achar que as palavras ainda não surgiram em sua mente, use a lista de palavras acionadoras da página seguinte para tomar como base em sua descrição e experiência.

acionadores positivos

Aberto
Acessível
Acolhedor
Afável
Afetuoso
Agradável
Agradecido
Alegre
Alerta
Amoroso
Amigo
Animado
Arrojado
Atencioso
Ativo
Autêntico
Autoconfiante
Bem-humorado
Brando
Brilhante
Brincalhão
Calmante
Calmo
Certo
Coerente
Compreensivo
Confiante
Confiável
Contente
Convidativo
Corajoso
Cordial
Cortês
Criativo
Cuidadoso
Curioso
Dado
Delicado
Dependente
Determinado
Disponível
Educado
Encantador
Engraçado
Entusiasmado
Espiritual
Espontâneo
Estável
Fiel
Firme
Flexível
Forte
Franco
Galante
Gentil
Humilde
Impetuoso
Independente
Inspirado
Justo
Leal
Leve
Maduro
Objetivo
Orgulhoso
Ousado
Persuasivo
Preciso
Preocupado
Próspero
Prudente
Radiante
Repleto
Respeitável
Responsável
Sábio
Satisfeito
Seguro
Sensível
Sereno
Sexy
Sincero
Sólido
Tolerante
Tranqüilo
Valente
Verdadeiro
Virtuoso

acionadores negativos

Amedrontado	Inconveniente
Arrogante	Indisponível
Áspero	Inflexível
Assustado	Insensível
Assustador	Intrometido
Atrevido	Invejoso
Ciumento	Irracional
Complacente	Irritado
Crítico	Limitado
Cruel	Maldoso
Deprimido	Malicioso
Desagradável	Mesquinho
Desinteressado	Ofensivo
Desonesto	Perigoso
Dominador	Raivoso
Duvidoso	Rígido
Entediante	Rigoroso
Frágil	Rude
Frio	Severo
Hostil	Tenso
Imaturo	Tímido
Impaciente	Tolerável
Implacável	Vil

o valor de uma prece!

Se você está sofrendo, com uma dificuldade maior e sentindo que precisa de ajuda, reze ou peça a amigos em quem confia para rezarem por você. Mesmo para os que não têm religião ou não acreditam numa força transcendental, a oração é uma forma de mover energias afetivas que só podem trazer benefício. As igrejas possuem grupos de oração que se encontram regularmente. Não tenha constrangimento em pedir-lhes ajuda. As preces mudam as coisas! Quando você reza e alguém reza por você, as coisas se transformam em sua vida.

O PORÃO

se eu pedisse para você fazer uma lista de todas as pessoas deprimentes, más, baixas, ordinárias e maliciosas que cruzaram seu caminho nesta vida, qual seria o tamanho dessa lista? Se eu pedisse para você lembrar quantas vezes alguém magoou, maltratou, usou, abusou e abandonou você, quanto tempo levaria? Quer saber de uma coisa? Não vou pedir nada disso. Hoje quero que você comece a entender que o único relacionamento que conta é o que mantemos com nós mesmos. Hoje você vai iniciar a construção de um relacionamento novo e melhor. Com você. Então, desarme-se.

Em cada folha de exercícios apresentada a seguir haverá uma série de perguntas criadas para ajudar você a tornar-se consciente dos seus padrões habituais de pensamento, emoções, experiências e crenças que impedem a experiência ou a expressão do amor. Não há respostas "certas" para as perguntas. O segredo é responder cada questão com a maior sinceridade possível. Normalmente, isso significa registrar o primeiro pensamento que vier à sua mente. Seu primeiro pensamento em geral é o mais verdadeiro.

Não deixe de fazer o **Exercício de cuidados** antes de começar cada seção. Depois de concluir a seção, releia suas respostas, se quiser, e acrescente qualquer pensamento ou sentimento adicional que venha à tona. Quando sentir que terminou, faça o **Exercício de fechamento.** Como já disse, talvez seja melhor fazer os exercícios em um caderno. Dessa forma, você poderá repeti-los quantas vezes desejar, para clarear e organizar melhor as idéias.

Espero que você ame o que estou lhe oferecendo!

exercício de cuidados

Antes de começar qualquer seção deste livro de exercícios, leia todas as afirmações abaixo em silêncio e depois repita cada uma delas em voz alta. Vença qualquer resistência, mesmo que ache estranho o que estou lhe pedindo. Confie em mim. Suas palavras têm poder! Tome a liberdade de trocar a palavra "Deus" por qualquer outra que você preferir.

Eu estou agora na presença do amor de Deus.

Eu quero sentir agora a presença do amor de Deus.

Eu abro agora meu coração e minha mente para o poder de cura do amor de Deus.

Eu coloco agora a minha fé no poder e na presença do amor de Deus.

Eu aceito e afirmo agora que não há nada que eu tenha feito, possa fazer, vá fazer ou vivenciar que me separe do amor de Deus.

Eu me abro agora para o amor de Deus e estendo-o a qualquer pessoa que esteja envolvida na minha experiência de vida.

Eu agradeço porque o amor de Deus está se revelando para mim.

Para mover-se de um nível de consciência para outro, de um nível de autoconhecimento para outro, você deve enraizar-se no amor e comprometer-se com o comportamento amoroso. **Você precisa COORDENAR-SE!**

Clarifique
Os
Obstáculos
Rígidos
Destrutivos
E
Nivele-os
Agora
Reflita
–
Sobre isso e
E*xamine suas crenças sobre a vida e o amor.*

VOCÊ PRECISA OLHAR
DENTRO DE VOCÊ A FUNDO!

Uma experiência de *meio-tempo* é a oportunidade divina que você tem de coordenar sua consciência para poder fazer escolhas melhores e mais conscientes. Como se faz isso? Você precisa evocar os três Cs:

Consciência

O que você faz quando tem medo, raiva, ansiedade, dúvida, está sob pressão ou se sente sem rumo?

Confirmação

Depois que você entender o que faz, não negue, nem tente arranjar desculpas para sua atitude. Não se torture. Você tem capacidade de mudar conscientemente tanto as suas reações quanto as conseqüências delas.

Consentimento

Aprenda a aceitar o que você fez e faz como uma parte valiosa de sua experiência de aprendizado, pois essa é a melhor maneira de obter o que você deseja. Aceitar não significa justificar, nem se acomodar em uma atitude, mas saber que entender as razões que levaram a uma determinada situação é a melhor forma de crescer.

COORDENAÇÃO DA CONSCIÊNCIA

Pense em uma situação recente à qual você tenha reagido com **raiva.** O que você fez? (Se não tiver certeza, consulte a lista de referência de comportamento amoroso nas **páginas 15 e 16.**)

Você conseguiu reconhecer que estava agindo com raiva? Como fez isso?

Você conseguiu reconhecer diante das outras pessoas envolvidas que estava agindo com raiva? O que você fez/disse? Se não, por quê?

COORDENAÇÃO DA CONFIRMAÇÃO

Complete cada uma das frases abaixo após reler as respostas às perguntas das **páginas 29-30**.

Agora estou consciente de que, quando fico com raiva, minha primeira reação em geral é

Quando isso acontece, eu me sinto

Na próxima vez que eu ficar com raiva, posso escolher

Assim, evitarei

COORDENAÇÃO DA CONSCIÊNCIA

Pense em uma situação recente à qual você tenha reagido com **medo.** O que você fez? (Se não tiver certeza, consulte a lista de referência de comportamento amoroso nas **páginas 15 e 16.**)

Você conseguiu reconhecer que estava com medo? Como fez isso?

Você conseguiu reconhecer diante das outras pessoas envolvidas que estava com medo? O que você fez/disse? Se não, por quê?

COORDENAÇÃO DA CONFIRMAÇÃO

Complete cada uma das frases abaixo após reler as respostas às perguntas da página anterior.

Agora estou consciente de que, quando tenho medo, minha primeira reação em geral é

Quando isso acontece, eu me sinto

Na próxima vez que eu ficar com medo, posso escolher

Assim, evitarei

Você pode escolher como reagirá a qualquer experiência. Até mesmo às boas. Porém, só conseguirá reagir com grande sabedoria quando se tornar *consciente,* quando *confirmar* e *consentir* sua atitude inconsciente. Em 99% das vezes, não é propriamente o evento que nos aborrece, mas as nossas *reações a ele.* Isso não significa que uma determinada reação seja ruim ou errada. É simplesmente uma reação. Nem significa que não haja experiências bastante difíceis de serem vividas, como a morte de um ente querido, uma doença séria ou uma grave ofensa sofrida. Nosso objetivo aqui é saber se uma determinada reação sua se baseou no medo ou no amor. As reações que têm como base o medo causam sofrimento, enquanto as reações que se baseiam no amor levam à liberdade, às melhores escolhas e a um estado de consciência aprimorado. Compreender os três Cs nos ajuda a escolher reações de amor em vez de reações de medo.

COMO TODA ESSA BAGUNÇA VEIO PARAR AQUI?

Além das reações baseadas no medo, é preciso adquirir consciência das reações inconscientes que você tem habitualmente e reconhecê-las. Normalmente, essas reações foram aprendidas e condicionadas a partir da relação com as pessoas com quem você conviveu e convive. Como elas passam a fazer intensamente parte da pessoa que você é e das coisas que faz, é provável que você não perceba o quanto elas são entraves que impedem o amor de fluir.

Medo, raiva, interpretações erradas das próprias experiências e o julgamento que você faz dos outros são parte importante da bagagem que você carrega para enfrentar os desafios da vida. Se você não tem consciência disso, vai repetir interminavelmente as mesmas atitudes que só podem trazer prejuízo, desgaste e sofrimento.

A capacidade de reconhecer as reações inconscientes nos permite fazer escolhas melhores. Entender essas reações também nos permitirá responder às perguntas: "O que eu fiz?" e "Por que isso aconteceu comigo?". Lembre-se: nenhuma reação é intrinsecamente boa ou ruim. Tenha em mente que o objetivo do trabalho de cura é facilitar o reconhecimento e a aceitação das suas ações e atitudes.

NÃO AUMENTE A BAGUNÇA!

Brigar é uma reação de medo a uma experiência desagradável. Algumas reações de briga comuns são:

- Você só ouve o que está na sua cabeça naquele momento e não ouve o que a outra pessoa está dizendo. Em geral, isso significa que você ouviu algo que o outro não disse e tenta convencê-lo de que ele realmente falou aquilo. Na verdade, você está reagindo *ao que pensa* que a pessoa acha de você. Essa situação sempre acaba em briga!
- Você nega o direito do outro de dizer ou fazer o que ele está dizendo ou fazendo. Como *você acha* que ele se considera melhor, mais esperto e muito mais importante do que você, sua vontade de criticá-lo é incontrolável. Quando não falamos o que precisamos falar quando temos necessidade de falar, a briga é inevitável.
- Você acredita que a sobrevivência é um problema e que sua sobrevivência depende de outra pessoa ou de uma situação. Quando a sobrevivência é um problema, você comprará *briga* para preservar-se.
- Se você tem mania de controlar tudo, brigará ao menor sinal de que está perdendo o controle de uma pessoa ou de uma situação.

Pense em uma situação recente em sua vida na qual você tenha sentido compulsão de brigar ou de defender-se. O que você fez? (Se não tiver certeza, consulte a lista de referência de comportamento amoroso nas **páginas 15 e 16.**)

Como você se sentiu com sua reação?

COORDENAÇÃO DA CONFIRMAÇÃO

Complete cada uma das frases abaixo após reler as respostas às duas perguntas anteriores.

Agora estou consciente de que quando brigo é porque

Quando isso acontece, eu me sinto

Na próxima vez que eu for brigar, posso escolher

Assim, evitarei

NÃO FUJA DA BAGUNÇA

Fugir é escapar, evitar, adiar uma situação desagradável até um momento indeterminado de um futuro não muito próximo.

Algumas das reações de fuga mais comuns são:

- Nunca encontrar tempo para enfrentar algo que você sabe que precisa enfrentar.
- Dar desculpas para não enfrentar algo que você sabe que terá de enfrentar.
- Chamar aquilo que vê de algo diferente. Essa reação é a recusa de *chamar uma coisa pelo nome certo!* Em outras palavras, negação!
- Ver algo, saber o que é e, por medo, pedir a opinião de alguém. Se a opinião é diferente da sua, você a aceita assim mesmo. Mas se é igual à sua, você consulta outra pessoa.

Pense em uma situação recente em que você tenha sentido compulsão de fugir, negar ou evitar. (Se não tiver certeza, consulte a lista de referência de comportamento amoroso nas **páginas 15 e 16.**)

Como você se sentiu com a sua reação?

COORDENAÇÃO DA CONFIRMAÇÃO

Complete cada uma das frases da página seguinte usando as respostas que indicou acima.

Agora estou consciente de que quando escapo é porque

Quando isso acontece, eu me sinto

Na próxima vez que eu desejar escapar, posso escolher

Assim, evitarei

NÃO SE ESCONDA DA BAGUNÇA

Esconder-se é outra reação muito comum proveniente do medo. Ela é diferente da fuga porque, quando a pessoa se esconde, ela se recusa a ser encontrada. Algumas das reações de esconder-se mais comuns são:

- Comer, dormir, ver televisão, trabalhar em/até altas horas, todo o tempo.
- Recusar-se a atender o telefone ou usar o identificador de chamadas para escolher com quem vai falar quando não está em outra atividade consciente ou produtiva.
- Ter indisposições, chateações, depressões, raiva todo o tempo sem fazer um esforço para saber por quê.

Quando você não deseja lidar com uma situação desagradável ou desconfortável, como se esconde?

COORDENAÇÃO DA CONFIRMAÇÃO

Complete cada uma das frases abaixo usando a resposta que indicou acima.

Agora estou consciente de que o modo como me escondo é porque

Quando isso acontece, eu me sinto

Na próxima vez que eu desejar me esconder, posso escolher

Assim, evitarei

NÃO SE ENTERRE NA BAGUNÇA

Essa atitude é comumente chamada de "submissão". A submissão é a reação de medo que ocorre quando você não tem coragem, força, vigor ou presença de espírito para dizer o que pensa, falar o que sente ou pedir o que deseja. Você também se submeterá por temer alguma autoridade ou acreditar que a sua sobrevivência está em risco. Veja como a submissão pode aparecer:

- Ao perceber o que uma pessoa deseja ou o que a situação requer de você, sua reação é ceder, mesmo que isso vá embrulhar o seu estômago.
- Você tem uma opinião, um desejo, uma necessidade ou uma idéia, mas não fala para evitar confrontos.
- Você tem uma opinião, um desejo, uma necessidade ou uma idéia, mas não acha que tem razão ou que alguém concordará com você. Em suma, você nega suas verdades.
- Você não diz nada, mesmo que deseje, porque está sempre tentando ser agradável.
- Você prefere não dizer nada porque quer evitar críticas.

Em que circunstâncias você tende mais a submeter-se à vontade da outra pessoa ou do ambiente em que se encontra?

Quando você se submete, o que faz?

Quando você se submete, como se sente?

COORDENAÇÃO DA CONFIRMAÇÃO

Complete cada uma das frases abaixo usando as respostas que indicou nas três frases anteriores.

Agora estou consciente de que o modo como me submeto é porque

Quando isso acontece, eu me sinto

Na próxima vez que eu desejar me submeter, posso escolher

Assim, evitarei

NÃO ATAQUE A BAGUNÇA

O ataque é um sinal preciso de que o medo é o sentimento dominante e você está fora de si! O ataque é diferente da briga porque, no ataque, o que você faz ou fala não tem o menor sentido, nem mesmo para você. Sua reação fica totalmente desproporcional à gravidade da situação. Quando você ataca:

- Faz comentários ofensivos, depreciativos, humilhantes sobre as características físicas, o intelecto ou a mãe de alguém.
- Xinga, grita, atira objetos ou faz ameaças de agressões físicas.
- Agride fisicamente alguém.
- Ameaça agredir-se fisicamente.
- Faz o jogo do "Olha o que você fez!" ou do "Fulaninho também fez isso!".
- Chama seu advogado ou ameaça chamá-lo.

Em que circunstâncias você tende mais a atacar?

Quando você ataca, o que faz?

Quando você ataca, como se sente?

COORDENAÇÃO DA CONFIRMAÇÃO

Complete cada uma das frases abaixo usando as respostas que indicou na página anterior.

Agora estou consciente de que o modo como ataco é porque

Quando isso acontece, eu me sinto

Na próxima vez que eu desejar atacar, posso escolher

Assim, evitarei

Agora, respire bem fundo, lentamente. Você acabou de processar muitas informações e FEZ UM BOM TRABALHO! Isso não significa que você tenha esgotado todas as informações. Como disse antes, você pode voltar ao exercício para acrescentar qualquer outra coisa que lhe ocorrer. Mas você já começou a preparar-se para entender o que faz, o que fez e o que *pode evitar fazer novamente.* É muito importante identificar como você age, porque suas reações são pistas vitais para trabalhar no *meio-tempo.* Não se julgue, nem deixe ninguém julgar você. Se realmente deseja abraçar o seu Eu verdadeiro e encontrar o amor como parte desse Eu, você deve ter consciência de suas atitudes não-amorosas. Quando temos essa consciência, podemos fazer escolhas diferentes das que fizemos até agora.

Antes de iniciar a próxima etapa da jornada, respire fundo algumas vezes. Relaxe bem. Pense em uma situação agradável ou relaxante. Se nada vier à sua mente, tente recitar esta Prece da Proteção em voz alta:

A luz de Deus me cerca.
O amor de Deus me envolve.
O poder de Deus me protege.
A presença de Deus olha por mim.
Onde quer que eu esteja, Deus também está.
Onde há Deus, há verdade, paz, força e amor.

PARE AQUI!
VOCÊ CONCLUIU UM EXERCÍCIO

nota de amor

ONDE QUER QUE EU ESTEJA...
DEUS TAMBÉM ESTÁ!

exercício de fechamento

Leia todas as afirmações abaixo em silêncio
e depois repita cada uma delas em voz alta.

Eu quero ser feliz. Para isso me disponho a eliminar tudo aquilo que me afasta do amor. Eu quero perdoar a mim e aos outros. Quero me desapegar de todos os sentimentos que me impedem de atingir o amor. Quero me abrir para receber todas as bênçãos que cada dia, cada momento, cada pessoa me trazem. Eu sei que posso perdoar. Sei que posso me desapegar. Sei que posso acolher todas as bênçãos que o mundo me oferece. Tomo agora a resolução de perdoar. Tomo a resolução de me desapegar de todos os entraves que bloqueiam o amor. Tomo a resolução de receber as bênçãos que me são oferecidas. Eu sou um ser Amado. Nada nem ninguém pode alterar a verdade do meu ser. Por isso, sinto imensa alegria e gratidão.
Que assim seja!

O PRIMEIRO ANDAR

este é o lugar! O lugar mais frustrante da sua vida. É um lugar onde você sabe que alguma coisa está fora de ordem. Será que é você? É também um lugar onde, mesmo que saiba o que está realmente acontecendo, você não tem força, coragem ou presença de espírito para saber o que fazer. Em outras palavras, você se encontra em um lugar de cansaço, confusão, frustração e ansiedade. E a última coisa que deseja fazer é trabalhar para mudar. Então, busque um apoio! Eu estou aqui oferecendo ajuda. Não pare, há um caminho de felicidade à sua frente! Respire bem fundo e vamos começar.

Em cada folha de exercícios apresentada a seguir, você terá que responder a uma série de perguntas criadas para auxiliar na cura e na liberação dos pensamentos, emoções, perspectivas e atitudes que lhe causam prejuízo. Não há respostas certas para as perguntas. O segredo é responder a cada questão com a maior sinceridade possível. Normalmente isso significa responder com o primeiro pensamento que vier à sua mente. Seu primeiro pensamento em geral é o mais verdadeiro.

Não deixe de fazer o **Exercício de cuidados** antes de começar cada seção. Depois de concluir a folha de exercícios, releia suas respostas, se quiser, e anote qualquer pensamento ou sentimento adicional que venha à tona. Quando sentir que terminou, que nada mais vem à sua mente, faça o **Exercício de fechamento.** Use um caderno para poder repetir os exercícios quantas vezes quiser, para clarear e organizar as idéias.

Espero que você ame o que estou lhe oferecendo!

exercício de cuidados

Antes de começar qualquer seção deste livro de exercícios, preocupe-se consigo. Leia todas as afirmações abaixo em silêncio e depois repita cada uma delas em voz alta. Suas palavras têm poder! Tome a liberdade de trocar a palavra "Deus" por qualquer outra que você preferir.

Eu estou agora na presença do amor de Deus.

Eu quero sentir agora a presença do amor de Deus.

Eu abro agora meu coração e minha mente para o poder de cura do amor de Deus.

Eu coloco agora a minha fé no poder e na presença do amor de Deus.

Eu aceito e afirmo agora que não há nada que eu tenha feito, possa fazer, vá fazer ou vivenciar que me separe do amor de Deus.

Eu me abro agora para o amor de Deus e estendo-o a qualquer pessoa que esteja envolvida na minha experiência de vida.

Eu agradeço porque o amor de Deus se revelou a mim.

IDENTIFIQUE O SEU PADRÃO DE AMOR

Estamos começando a identificar a energia do ambiente em que você cresceu. Com esse objetivo, chamaremos suas reações nas perguntas seguintes de "padrões de amor". Depois de responder essas perguntas, vai ficar mais clara a razão de suas atitudes na vida e nos seus relacionamentos. Lembre-se, mais uma vez, de que nada nem ninguém, inclusive você, pode estar errado. Então, tente responder cada pergunta com sinceridade, mas sem julgamento, crítica ou censura ao que escrever. Quando terminar este exercício, você terá o abecê de sua experiência com o amor. Em qualquer idade, podemos, se quisermos, reaprender o abecê!

As respostas às perguntas desta seção não precisam se limitar aos pais. O processo funciona para qualquer figura que tenha exercido a função de pai e mãe (avó, avô, tia, tio, mãe ou pai de criação, mãe ou pai adotivos, etc.), quer estejam vivos ou mortos. Se forem várias pessoas, use este exercício para cada uma delas.

PESQUISA DO PADRÃO DE AMOR

A. Minha mãe me ensinou que o amor é

B. Ela me ensinou isso pelo modo como sempre

C. Resuma a resposta da pergunta anterior a três palavras. Minha mãe me ensinou que o amor é

D. Use as três palavras da resposta anterior para completar esta frase:

Sinto que o amor é

E. Meu pai me ensinou que o amor é

F. Ele me ensinou isso pelo modo como sempre

G. Resuma a resposta da pergunta anterior a três palavras. Meu pai me ensinou que o amor é

H. Use as três palavras da resposta anterior para completar esta frase:

Acho que o amor é

I. Minha primeira experiência verdadeira com o amor foi

J. Como resultado dessa experiência, aprendi

K. Resuma a resposta da pergunta anterior a três palavras. Minha própria experiência me ensinou que o amor é

L. Use as três palavras da resposta anterior para completar esta frase:

Sei que o amor é

M. Quando criança, o amor que presenciava em casa/à minha volta era

N. Isso fazia com que eu me sentisse

O. Resuma a resposta da pergunta anterior a três palavras. O amor que presenciei durante meu crescimento ensinou-me que o amor é

P. Use as três palavras da resposta anterior para completar esta frase:

Acredito que o amor é

Reveja as respostas das perguntas anteriores e complete cada uma das seguintes frases:

Q. ***Sinto* que o amor é**

R. ***Acho* que o amor é**

S. ***Sei* que o amor é**

T. ***Acredito* que o amor é**

U. Pense agora em um relacionamento recente ou atual e complete esta frase:
O relacionamento que tenho/tive com __________ é

V. Este relacionamento faz/fez com que me sinta/sentisse

W. Resuma sua experiência nesse relacionamento em três palavras.

Compare essas três palavras com as respostas dos itens D, G e K. De que maneira essas palavras confirmam ou entram em conflito com o que você sente, acha, acredita em relação ao amor? *(Reveja as respostas dos itens Q, R, S e T.)*

X. Minha resposta confirma o que sinto/acho/acredito em relação ao amor porque

Y. Minha resposta entra em conflito com o que sinto/acho/ acredito em relação ao amor porque

Z. Agora estou consciente de que minha experiência com o amor faz com que eu me sinta

Agora escolho vivenciar o amor em minha vida de uma maneira que faça com que eu me sinta

ESCREVA AS FRASES SEGUINTES NOVE VEZES

(Use sua mão não-dominante. Se você for uma pessoa destra, use a mão esquerda; se for uma pessoa canhota, use a mão direita.)

Agora eu me perdôo por ter acreditado que fiz algo de errado.

Agora eu me perdôo por ter acreditado que alguém fez algo de errado.

PARE AQUI!
VOCÊ CONCLUIU UM EXERCÍCIO

nota de amor

MESMO COM AS REJEIÇÕES
DE MEU PAI E MINHA MÃE, O AMOR,
A LUZ, O PODER DE DEUS VÃO ME
SUSTENTAR E ME FAZER CRESCER!

exercício de fechamento

Leia todas as afirmações abaixo em silêncio
e depois repita cada uma delas em voz alta.

Eu quero ser feliz. Para isso me disponho a eliminar tudo aquilo que me afasta do amor. Eu quero perdoar a mim e aos outros. Quero me desapegar de todos os sentimentos que me impedem de atingir o amor. Quero me abrir para receber todas as bênçãos que cada dia, cada momento, cada pessoa me trazem. Eu sei que posso perdoar. Sei que posso me desapegar. Sei que posso acolher todas as bênçãos que o mundo me oferece. Tomo agora a resolução de perdoar. Tomo a resolução de me desapegar de todos os entraves que bloqueiam o amor. Tomo a resolução de receber as bênçãos que me são oferecidas. Eu sou um ser Amado. Nada nem ninguém pode alterar a verdade do meu ser.
Por isso, sinto imensa alegria e gratidão.
Que assim seja!

anulando os acionadores emocionais

O feminino, a mãe, representa o coração. Suas primeiras experiências com a energia feminina criam a essência do que você sente. Esta seção pode ser usada para todas as figuras maternas (avós, tias, mães de criação, mães adotivas, etc.). Ela pode ser usada mesmo que a pessoa já tenha morrido. Se você teve mais de uma figura materna, use este exercício para cada uma delas. *Antes de começar, vá para o* ***Exercício de cuidados*** *da página 27.*

A. A melhor parte do meu relacionamento com minha mãe é/foi

B. Penso em/lembro de minha mãe como sendo *(use palavras de ação positiva)*

C. Isso faz/fez com que eu me sinta/sentisse

D. A melhor coisa de que me lembro em nosso relacionamento é

E. Isso faz/fez com que eu me sinta/sentisse

F. A coisa mais amorosa que minha mãe já me disse/fez foi

G. Isso faz/fez com que eu me sinta/sentisse

H. A pior parte do meu relacionamento com minha mãe é/foi

I. Penso em/lembro de minha mãe como sendo *(use palavras de ação negativa)*

J. Isso faz/fez com que eu me sinta/sentisse

K. A pior coisa de que me lembro em nosso relacionamento é

L. Isso faz/fez com que eu me sinta/sentisse

M. A coisa mais dura e agressiva que minha mãe já me disse/fez foi

N. Isso faz/fez com que eu me sinta/sentisse

O. O que eu mais queria que a minha mãe fizesse/tivesse feito por mim é

P. O que eu mais queria que a minha mãe não fizesse/tivesse feito comigo é

Q. O que eu gostaria de fazer/ter feito por minha mãe é

R. O que eu gostaria de dizer à minha mãe sobre nosso relacionamento é

S. Hoje, a pessoa que mais me lembra a minha mãe é

T. Penso nessa pessoa como sendo *(use palavras de ação negativa, se necessário)*

U. Isso faz com que eu me sinta

V. Meu relacionamento com essa pessoa é

W. Isso faz com que eu me sinta

X. A coisa mais amorosa que essa pessoa faz/fez por mim é/foi

Y. Esse relacionamento me lembra o meu relacionamento com minha mãe porque *(reveja a sua resposta A)*

Z. Esse relacionamento é diferente do meu relacionamento com minha mãe porque

COORDENAÇÃO DA CONSCIÊNCIA

A. Agora estou consciente de que meu relacionamento com minha mãe me ensina/me ensinou que o amor nos faz sentir *(reescreva as repostas de C, E e G)*

B. O que estou aprendendo/aprendi e desejo curar é a crença de que o amor também nos faz sentir *(reescreva as respostas de J, L e N)*

C. Para facilitar a cura, eu me disponho a

D. Estou escolhendo vivenciar o amor de uma maneira que faça com que eu me sinta

ESCREVA AS FRASES SEGUINTES NOVE VEZES

(Use sua mão não-dominante. Se você for uma pessoa destra, use a mão esquerda; se for uma pessoa canhota, use a mão direita.)

Agora eu me perdôo por ter acreditado que minha mãe fez algo de errado.

Agora eu me perdôo por ter acreditado que alguém fez algo de errado.

PARE AQUI!
VOCÊ CONCLUIU UM EXERCÍCIO

nota de amor

O PASSADO É O FUTURO OCULTO.
O PRESENTE É O PASSADO REVELADO.

exercício de fechamento

Leia todas as afirmações abaixo em silêncio
e depois repita cada uma delas em voz alta.

Eu quero ser feliz. Para isso me disponho
a eliminar tudo aquilo que me afasta do amor.
Eu quero perdoar a mim e aos outros. Quero me desapegar de
todos os sentimentos que me impedem de atingir o amor.
Quero me abrir para receber todas as bênçãos
que cada dia, cada momento, cada pessoa me trazem.
Eu sei que posso perdoar. Sei que posso me desapegar.
Sei que posso acolher todas as bênçãos que
o mundo me oferece. Tomo agora a resolução de perdoar.
Tomo a resolução de me desapegar de todos os entraves
que bloqueiam o amor. Tomo a resolução de receber as
bênçãos que me são oferecidas.
Eu sou um ser Amado. Nada nem ninguém pode
alterar a verdade do meu ser.
Por isso, sinto imensa alegria e gratidão.
Que assim seja!

anulando os acionadores mentais

O masculino, o pai, representa a mente. Suas primeiras experiências com a energia masculina criam a essência do que você pensa. Esta seção pode ser usada para todas as figuras paternas (avós, tios, pais de criação, pais adotivos, etc.). Ela pode ser usada mesmo que a pessoa já tenha morrido. Se você teve mais de uma figura paterna, use este exercício para cada uma delas. *Antes de começar, vá para o* ***Exercício de cuidados*** *da página 27.*

A. A melhor parte do meu relacionamento com meu pai é/foi

B. Penso em/lembro de meu pai como sendo *(use palavras de ação positiva ou negativa, se necessário)*

C. Isso faz/fez com que eu me sinta/sentisse

D. A melhor coisa de que me lembro em nosso relacionamento é

E. Isso faz/fez com que eu me sinta/sentisse

F. A coisa mais amorosa que meu pai já me disse/fez foi

G. Isso faz/fez com que eu me sinta/sentisse

H. A pior parte do meu relacionamento com meu pai é/foi

I. Penso em/lembro de meu pai como sendo

J. Isso faz/fez com que eu me sinta/sentisse

K. A pior coisa de que me lembro em nosso relacionamento é

L. Isso faz/fez com que eu me sinta/sentisse

M. A coisa mais dura e agressiva que meu pai já me disse/fez foi

N. Isso faz/fez com que eu me sinta/sentisse

O. O que eu mais queria que o meu pai fizesse/tivesse feito por mim é

P. O que eu mais queria que o meu pai não fizesse/tivesse feito comigo é

Q. O que eu gostaria de fazer/ter feito por meu pai é

R. O que eu gostaria de dizer ao meu pai sobre nosso relacionamento é

S. Hoje, a pessoa que mais me lembra o meu pai é

T. Penso nessa pessoa como sendo *(use palavras de ação positiva e negativa, se necessário)*

U. Isso faz com que eu me sinta

V. Meu relacionamento com essa pessoa é

W. Isso faz com que eu me sinta

X. A coisa mais amorosa que essa pessoa faz/fez por mim é/foi

Y. Esse relacionamento me lembra o meu relacionamento com meu pai porque *(reveja a sua resposta A)*

Z. Esse relacionamento é diferente do meu relacionamento com meu pai porque

COORDENAÇÃO DA CONSCIÊNCIA

A. Agora estou consciente de que meu relacionamento com meu pai me ensina/me ensinou que o amor nos faz sentir *(reescreva as repostas de C, E e G)*

B. O que estou aprendendo/aprendi e quero curar é a crença de que o amor também nos faz sentir *(reescreva as respostas de J, L e N)*

C. Para facilitar a cura, eu me disponho a

D. Estou escolhendo vivenciar o amor de uma maneira que faça com que eu me sinta

ESCREVA AS FRASES SEGUINTES NOVE VEZES

(Use sua mão não-dominante. Se você for uma pessoa destra, use a mão esquerda; se for uma pessoa canhota, use a mão direita.)

Agora eu me perdôo por ter acreditado que meu pai fez algo de errado.

Agora eu me perdôo por ter acreditado que alguém fez algo de errado.

PARE AQUI!

VOCÊ CONCLUIU UM EXERCÍCIO

nota de amor

NÃO SE DEIXE ENGANAR PELAS APARÊNCIAS! VOCÊ SEMPRE PODE CONTAR COM O AMOR SAGRADO DE DEUS.

exercício de fechamento

Leia todas as afirmações abaixo em silêncio e depois repita cada uma delas em voz alta.

Eu quero ser feliz. Para isso me disponho a eliminar tudo aquilo que me afasta do amor. Eu quero perdoar a mim e aos outros. Quero me desapegar de todos os sentimentos que me impedem de atingir o amor. Quero me abrir para receber todas as bênçãos que cada dia, cada momento, cada pessoa me trazem. Eu sei que posso perdoar. Sei que posso me desapegar. Sei que posso acolher todas as bênçãos que o mundo me oferece. Tomo agora a resolução de perdoar. Tomo a resolução de me desapegar de todos os entraves que bloqueiam o amor. Tomo a resolução de receber as bênçãos que me são oferecidas.
Eu sou um ser Amado. Nada nem ninguém pode alterar a verdade do meu ser.
Por isso, sinto imensa alegria e gratidão.
Que assim seja!

exercício de cuidados

Antes de começar qualquer seção deste livro de exercícios, preocupe-se consigo. Leia todas as afirmações abaixo em silêncio e depois repita cada uma delas em voz alta. Suas palavras têm poder! As palavras criam ambientes e experiências. Tome a liberdade de trocar a palavra "Deus" por qualquer outra que preferir.

Eu estou agora na presença do amor de Deus.

Eu quero sentir agora a presença do amor de Deus.

Eu abro agora meu coração e minha mente para o poder de cura do amor de Deus.

Eu coloco agora a minha fé no poder e na presença do amor de Deus.

Eu aceito e afirmo agora que não há nada que eu tenha feito, possa fazer, vá fazer ou vivenciar que me separe do amor de Deus.

Eu me abro agora para o amor de Deus e estendo-o a qualquer pessoa que esteja envolvida em minha vida.

Eu agradeço porque o amor de Deus se revelou a mim.

COORDENAÇÃO DA CONFIRMAÇÃO

Agora que você está consciente de seus padrões de amor, comportamentos movidos pelo medo e reações inconscientes, vamos ver como tudo isso se liga aos seus relacionamentos atuais. Não apenas os relacionamentos românticos, mas com todas as pessoas que fizeram ou fazem parte da sua vida. Se desejar, use estes exercícios para examinar os relacionamentos em que você esteja encontrando uma dificuldade especial. É claro que os relacionamentos que têm maior peso para você são os relacionamentos amorosos.

A. Agora desejo explorar a experiência de meu relacionamento com

B. A melhor parte desse relacionamento é/era

C. Isso faz/fez com que eu me sinta/sentisse *(use palavras acionadoras, se necessário)*

D. Esse relacionamento lembra/lembrava meu relacionamento com *(identifique uma figura paterna ou materna, se for o caso)*

Porque

E. A pior parte desse relacionamento é/era

F. Isso faz/fez com que eu me sinta/sentisse

G. Quando me sinto/sentia dessa maneira, minha reação é/era *(reveja as respostas das páginas 29-30-42 e 47-52-53)*

H. Eu reajo/reagia dessa maneira porque
Eu me sentia

Eu achava

Eu acreditava

Eu sabia

I. O que eu esperava/pedia desse relacionamento era

J. Quando percebi que não estava recebendo o que esperava/pedia, minha reação foi de

K. Isso faz/fez com que eu me sinta/sentisse

L. Quando me sinto/sentia dessa maneira, minha reação é/era de

M. Assim, o que está acontecendo/aconteceu com esse relacionamento é/foi

N. Quando isso acontece/acontecia, eu me sinto/sentia com raiva porque

O. Quando isso acontece/acontecia, eu me sinto/sentia com medo porque

P. Agora percebo que minhas atitudes pouco amorosas são/foram

Q. Reagir desse jeito faz/fez com que eu me sinta/sentisse

R. Agora tenho consciência de que, quando sinto raiva, posso escolher

S. Eu reconheço que o que estou aprendendo/aprendi e desejo curar é a crença de que o amor também nos faz sentir *(reescreva as respostas de F, G e Q)*

T. Para facilitar a cura, eu me disponho a

U. Estou escolhendo viver o amor de uma maneira que faça com que eu me sinta *(use palavras acionadoras, se necessário)*

ESCREVA AS FRASES SEGUINTES NOVE VEZES

(Use sua mão não-dominante. Se você for uma pessoa destra, use a mão esquerda; se for uma pessoa canhota, use a mão direita.)

Agora eu me perdôo por ter acreditado que fiz algo de errado.

Agora eu me perdôo por ter acreditado que alguém fez algo de errado.

PARE AQUI!

VOCÊ CONCLUIU UM EXERCÍCIO

nota de amor

TER DISPOSIÇÃO PARA DESCARTAR HÁBITOS QUE PODEM ESTAR IMPREGNADOS NA MENTE É TER DISPOSIÇÃO PARA REAGIR DE FORMA DIFERENTE ÀS CIRCUNSTÂNCIAS E SITUAÇÕES E PASSAR DE FATO A REAGIR DE FORMA DIFERENTE ÀS CIRCUNSTÂNCIAS E SITUAÇÕES!

exercício de fechamento

Leia todas as afirmações abaixo em silêncio e depois repita cada uma delas em voz alta.

Eu quero ser feliz. Para isso me disponho a eliminar tudo aquilo que me afasta do amor. Eu quero perdoar a mim e aos outros. Quero me desapegar de todos os sentimentos que me impedem de atingir o amor. Quero me abrir para receber todas as bênçãos que cada dia, cada momento, cada pessoa me trazem. Eu sei que posso perdoar. Sei que posso me desapegar. Sei que posso acolher todas as bênçãos que o mundo me oferece. Tomo agora a resolução de perdoar. Tomo a resolução de me desapegar de todos os entraves que bloqueiam o amor. Tomo a resolução de receber as bênçãos que me são oferecidas. Eu sou um ser Amado. Nada nem ninguém pode alterar a verdade do meu ser. Por isso, sinto imensa alegria e gratidão. Que assim seja!

O SEGUNDO ANDAR

quando você chegar a este ponto, provavelmente já terá uma idéia significativa do motivo pelo qual se encontra onde está. Seria bom também se você já tivesse uma idéia melhor sobre o caminho que deseja seguir. O objetivo do segundo andar é esclarecer o que contribui para a lentidão do seu processo.

Em cada folha de exercícios apresentada a seguir, você terá que responder a uma série de perguntas criadas para ajudar no reconhecimento das lembranças e experiências que podem estar impedindo seu processo de crescimento. Não há respostas certas para as perguntas. O segredo é responder a cada questão com a maior sinceridade possível. Normalmente, isso significa responder com o primeiro pensamento que vier à sua mente. Seu primeiro pensamento em geral é o mais verdadeiro.

Não deixe de fazer o **Exercício de cuidados** antes de começar cada seção. Depois de concluir a folha de exercícios, releia suas respostas, se quiser, e anote qualquer pensamento ou sentimento adicional que venha à tona. Quando sentir que terminou, que nada mais vem à sua mente, faça o **Exercício de fechamento.** Usando um caderno, você poderá repetir os exercícios quantas vezes quiser, para clarear e organizar as idéias.

Espero que você ame o que estou lhe oferecendo!

exercício de cuidados

Antes de começar qualquer seção deste livro de exercícios, preocupe-se consigo. Leia todas as afirmações abaixo em silêncio e depois repita cada uma delas em voz alta. Suas palavras têm poder! Tome a liberdade de trocar a palavra "Deus" por qualquer outra que prefira.

Eu estou agora na presença do amor de Deus.

Eu quero sentir agora a presença do amor de Deus.

Eu abro agora meu coração e minha mente para o poder de cura do amor de Deus.

Eu coloco agora a minha fé no poder e na presença do amor de Deus.

Eu aceito e afirmo agora que não há nada que eu tenha feito, possa fazer, vá fazer ou vivenciar que me separe do amor de Deus.

Eu me abro agora para o amor de Deus e estendo-o a qualquer pessoa que esteja envolvida na minha experiência de vida.

Eu agradeço porque o amor de Deus está se revelando para mim.

livrando-se da decepção

Vá ao Glossário para ver como *decepção* está definida. Faça o **Exercício de cuidados** da página 27 antes de começar esta folha de exercícios.

A. Estou sentindo decepção por causa de *(identifique uma experiência de cada vez)*

B. Eu acredito que a minha experiência de agora seria diferente se

C. Aquilo que eu desejava/esperava não aconteceu porque

D. O que eu esperava era

E. O que eu queria era

F. Quando não obtive o que esperava/desejava, minha reação foi

G. Eu reagi desse jeito porque senti/acreditei que

H. Agora eu percebo que quando *(reveja a resposta de F)*

Eu sinto muita decepção.

ESCREVA AS FRASES SEGUINTES NOVE VEZES

(Use sua mão não-dominante. Se você for uma pessoa destra, use a mão esquerda; se for uma pessoa canhota, use a mão direita.)

Agora eu me perdôo por ter acreditado que fiz algo de errado.

Agora eu me perdôo por ter acreditado que alguém fez algo de errado.

COORDENAÇÃO DA CONFIRMAÇÃO

A. Agora estou consciente de que o modo como contribuo para minha própria decepção é *(use a resposta de H)*

B. Quando isso acontece, eu me sinto

C. Agora eu percebo que posso escolher

D. Reagindo assim, irei me sentir

A MANEIRA DE EVITAR A DECEPÇÃO É:

- Pedir exatamente o que deseja.
- Identificar e comunicar com clareza suas expectativas em relação a si e às outras pessoas envolvidas na experiência.
- Não esperar que os outros façam por você o que pode fazer por si.
- Aceitar a responsabilidade por tudo que você faz e vivencia.
- Aceitar todos os resultados, abrindo-se para acolher as experiências sem julgamentos ou críticas e sabendo que há uma lição a ser aprendida.
- Escolher aprender a lição em vez de decepcionar-se.

PARE AQUI!
VOCÊ CONCLUIU UM EXERCÍCIO

nota de amor

ACUSAR OS OUTROS É UMA MANEIRA DE NEGAR QUE VOCÊ TEM ALGUMA RESPONSABILIDADE NA EXPERIÊNCIA VIVIDA. É O MODO DE NEGAR SEU PRÓPRIO PODER.

exercício de fechamento

Leia todas as afirmações abaixo em silêncio e depois repita cada uma delas em voz alta.

Eu quero ser feliz. Para isso me disponho a eliminar tudo aquilo que me afasta do amor. Eu quero perdoar a mim e aos outros. Quero me desapegar de todos os sentimentos que me impedem de atingir o amor. Quero me abrir para receber todas as bênçãos que cada dia, cada momento, cada pessoa me trazem. Eu sei que posso perdoar. Sei que posso me desapegar. Sei que posso acolher todas as bênçãos que o mundo me oferece. Tomo agora a resolução de perdoar. Tomo a resolução de me desapegar de todos os entraves que bloqueiam o amor. Tomo a resolução de receber as bênçãos que me são oferecidas. Eu sou um ser Amado. Nada nem ninguém pode alterar a verdade do meu ser. Por isso, sinto imensa alegria e gratidão. Que assim seja!

entendendo a decepção

Volte ao Glossário para ver como *decepção* está definida. Faça o **Exercício de cuidados** da página 27 antes de começar esta folha de exercícios.

Lembre-se de uma experiência recente na qual você se decepcionou e responda estas perguntas:

A. Estou sentindo muita decepção com relação a

B. O que eu esperava desse/dessa *(circule a resposta apropriada)*

trabalho pessoa relacionamento situação era

C. Quis comunicar o que desejava/esperava quando disse

D. Eu sei que me ouviram porque

E. Quando percebi que minhas expectativas não estavam se realizando, eu me senti

F. Comuniquei/não comuniquei o que estava sentindo porque pensei

Senti

Acreditei

Sabia

G. Agora entendo que a reação mais amorosa que eu poderia ter tido seria

H. Assim, eu me sentiria

I. Essa experiência me ensinou

ESCREVA AS FRASES SEGUINTES NOVE VEZES

(Use sua mão não-dominante. Se você for uma pessoa destra, use a mão esquerda; se for uma pessoa canhota, use a mão direita.)

Agora eu me perdôo por ter acreditado que fiz algo de errado.

Agora eu me perdôo por ter acreditado que alguém fez algo de errado.

PARE AQUI!
VOCÊ CONCLUIU UM EXERCÍCIO

nota de amor

NUNCA SUBESTIME A CAPACIDADE
QUE A MENTE HUMANA TEM
DE ESQUECER OU DE MUDAR!

exercício de fechamento

Leia todas as afirmações abaixo em silêncio
e depois repita cada uma delas em voz alta.

Eu quero ser feliz. Para isso me disponho a eliminar tudo aquilo que me afasta do amor. Eu quero perdoar a mim e aos outros. Quero me desapegar de todos os sentimentos que me impedem de atingir o amor. Quero me abrir para receber todas as bênçãos que cada dia, cada momento, cada pessoa me trazem. Eu sei que posso perdoar. Sei que posso me desapegar. Sei que posso acolher todas as bênçãos que o mundo me oferece. Tomo agora a resolução de perdoar. Tomo a resolução de me desapegar de todos os entraves que bloqueiam o amor. Tomo a resolução de receber as bênçãos que me são oferecidas. Eu sou um ser Amado. Nada nem ninguém pode alterar a verdade do meu ser. Por isso, sinto imensa alegria e gratidão.
Que assim seja!

livrando-se da traição

Vá ao Glossário para ver como *traição* está definida. Faça o **Exercício de cuidados** da página 27 antes de começar esta folha de exercícios.

A. Minha primeira lembrança de ter sofrido traição foi quando

B. Acho que, como conseqüência dessa experiência, eu

C. Acredito que essa experiência foi o resultado de/foi causada por

D. A parte mais difícil de aceitar/entender nessa traição foi

E. Eu expressei/não expressei o que estava sentindo porque pensei

Senti

Acreditei

Sabia

F. Agora entendo que a reação mais amorosa seria de

G. Assim, eu me sentiria

H. Essa experiência me ensinou

ESCREVA AS FRASES SEGUINTES NOVE VEZES

(Use sua mão não-dominante. Se você for uma pessoa destra, use a mão esquerda; se for uma pessoa canhota, use a mão direita.)

Agora eu me perdôo por ter acreditado que fiz algo de errado.

Agora eu me perdôo por ter acreditado que alguém fez algo de errado.

PARE AQUI!
VOCÊ CONCLUIU UM EXERCÍCIO

nota de amor

AS PESSOAS FAZEM O QUE
FAZEM BASEADAS NO QUE SÃO
E NAS INFORMAÇÕES QUE POSSUEM
NAQUELE MOMENTO. SE ELAS
SOUBESSEM MAIS, FARIAM MELHOR.

exercício de fechamento

Leia todas as afirmações abaixo em silêncio
e depois repita cada uma delas em voz alta.

Eu quero ser feliz. Para isso me disponho a eliminar tudo aquilo que me afasta do amor. Eu quero perdoar a mim e aos outros. Quero me desapegar de todos os sentimentos que me impedem de atingir o amor. Quero me abrir para receber todas as bênçãos que cada dia, cada momento, cada pessoa me trazem. Eu sei que posso perdoar. Sei que posso me desapegar. Sei que posso acolher todas as bênçãos que o mundo me oferece. Tomo agora a resolução de perdoar. Tomo a resolução de me desapegar de todos os entraves que bloqueiam o amor. Tomo a resolução de receber as bênçãos que me são oferecidas. Eu sou um ser Amado. Nada nem ninguém pode alterar a verdade do meu ser. Por isso, sinto imensa alegria e gratidão. Que assim seja!

entendendo a traição 1

Vá ao Glossário para obter uma definição de *traição*. Faça o **Exercício de cuidados** da página 27 antes de começar esta folha de exercícios.

A. Estou sentindo a traição com relação a *(identifique uma pessoa ou experiência de cada vez)*

B. Eu me sinto assim porque

C. Tive uma experiência semelhante quando

D. Nas duas experiências, o que eu esperava que acontecesse era

E. O que eu pedi foi

F. Quando senti que o que esperava ou estava pedindo não aconteceria, minha atitude foi

G. É/foi difícil para mim aceitar

H. Quando percebi que não podia aceitar o que eu sentia/via, minha reação foi

I. Isso me fez sentir

J. Agora me dou conta de que quando eu *(use a resposta de H)*

Eu vivo um intenso sentimento de traição.

ESCREVA AS FRASES SEGUINTES NOVE VEZES

(Use sua mão não-dominante. Se você for uma pessoa destra, use a mão esquerda; se for uma pessoa canhota, use a mão direita.)

Agora eu me perdôo por ter acreditado que fiz algo de errado.

Agora eu me perdôo por ter acreditado que alguém fez algo de errado.

PARE AQUI!

VOCÊ CONCLUIU UM EXERCÍCIO

nota de amor

RESPEITE-SE E RESPEITE OS OUTROS
DIZENDO SEMPRE A VERDADE
SOBRE O QUE VOCÊ SENTE.
O DIÁLOGO PROMOVE
MUDANÇAS MILAGROSAS!

exercício de fechamento

Leia todas as afirmações abaixo em silêncio
e depois repita cada uma delas em voz alta.

Eu quero ser feliz. Para isso me disponho a eliminar tudo aquilo que me afasta do amor. Eu quero perdoar a mim e aos outros. Quero me desapegar de todos os sentimentos que me impedem de atingir o amor. Quero me abrir para receber todas as bênçãos que cada dia, cada momento, cada pessoa me trazem. Eu sei que posso perdoar. Sei que posso me desapegar. Sei que posso acolher todas as bênçãos que o mundo me oferece. Tomo agora a resolução de perdoar. Tomo a resolução de me desapegar de todos os entraves que bloqueiam o amor. Tomo a resolução de receber as bênçãos que me são oferecidas. Eu sou um ser Amado. Nada nem ninguém pode alterar a verdade do meu ser. Por isso, sinto imensa alegria e gratidão.
Que assim seja!

entendendo a traição 2

Vá ao Glossário para obter uma definição de *traição.* Faça o **Exercício de cuidados** da página 27 antes de começar a folha de exercícios.

Faça uma cópia da tabela desta página e cole-a no seu caderno de exercícios. No alto da tabela escreva uma experiência recente (nos últimos dez anos) e o nome da pessoa ou das pessoas que lhe traíram.

Nos espaços debaixo de cada nome registre sua reação (o que você fez/não fez) à traição daquela pessoa. *(Se não souber, consulte a referência de comportamento amoroso nas* ***páginas 15 e 16.****)*

Preencha toda a coluna antes de passar para o item seguinte.

EU ME SENTI TRAÍDA(O) POR/QUANDO

Quando tiver preenchido a tabela, releia cada coluna e identifique as reações que se repetem nas várias experiências. Anote esses comportamentos repetitivos aqui, colocando o que ocorreu com mais freqüência em primeiro lugar e os outros em ordem decrescente.

1.
2.
3.
4.
5.
6.
7.
8.
9.

Os comportamentos listados acima representam os padrões de comportamento inconsciente que contribuem para que eu sofra repetidamente a traição. Em vez de adotar esses comportamentos, em uma experiência semelhante, posso escolher

ESCREVA AS FRASES SEGUINTES NOVE VEZES

(Use sua mão não-dominante. Se você for uma pessoa destra, use a mão esquerda; se for uma pessoa canhota, use a mão direita.)

Agora eu me perdôo por ter acreditado que fiz algo de errado.

Agora eu me perdôo por ter acreditado que alguém fez algo de errado.

PARE AQUI!
VOCÊ CONCLUIU UM EXERCÍCIO

nota de amor

CURAR-SE É O PRESENTE
QUE VOCÊ OFERECE AO MUNDO.
QUANDO VOCÊ SE CURA, BENEFICIA
AS PESSOAS COM QUEM CONVIVE
E FAZ COM QUE O MUNDO SEJA MELHOR.

exercício de fechamento

Leia todas as afirmações abaixo em silêncio e depois repita cada uma delas em voz alta.

Eu quero ser feliz. Para isso me disponho a eliminar tudo aquilo que me afasta do amor. Eu quero perdoar a mim e aos outros. Quero me desapegar de todos os sentimentos que me impedem de atingir o amor. Quero me abrir para receber todas as bênçãos que cada dia, cada momento, cada pessoa me trazem. Eu sei que posso perdoar. Sei que posso me desapegar. Sei que posso acolher todas as bênçãos que o mundo me oferece. Tomo agora a resolução de perdoar. Tomo a resolução de me desapegar de todos os entraves que bloqueiam o amor. Tomo a resolução de receber as bênçãos que me são oferecidas. Eu sou um ser Amado. Nada nem ninguém pode alterar a verdade do meu ser. Por isso, sinto imensa alegria e gratidão. Que assim seja!

ENTRE O SEGUNDO E O TERCEIRO ANDAR

este é o ponto em que você vai dar um passo importante no autoconhecimento. A experiência do *meio-tempo* neste nível não tem nada a ver com o que os outros lhe tenham feito. *Tem a ver com você!* Tem a ver com os motivos que levam você a fazer o que faz, da maneira como faz. Você vai se conhecer e se aceitar para tomar posse de si e caminhar com alegria em direção ao amor, livrando-se da vergonha, do medo, da raiva, do sofrimento e de tudo que afasta você de sua real identidade.

A experiência do *meio-tempo* descrita aqui não é sobre o que você viveu. É sobre a forma como viveu cada experiência, o que ganhou com ela e quanto amor demonstrou nos momentos mais difíceis. São esses momentos difíceis que revelam muitas verdades sobre as pessoas. Siga com coragem! Talvez seja doloroso reviver seus problemas, para examiná-los, porque sua tendência ainda é culpar-se ou culpar os outros. Mas se sentir dor, tenha certeza de que esta é a melhor forma de caminhar em direção ao amor que você deseja e procura.

Não deixe de fazer o **Exercício de cuidados** antes de começar cada seção. Depois de concluir a folha de exercícios, releia suas respostas, se quiser, e anote qualquer pensamento ou sentimento adicional que venha à tona. Quando sentir que terminou, que nada mais vem à sua mente, faça o **Exercício de fechamento.** Continue usando o caderno, para que possa repetir os exercícios quantas vezes quiser, clareando e organizando as idéias.

Espero que você ame o que estou lhe oferecendo!

exercício de cuidados

Antes de começar qualquer seção deste livro de exercícios, preocupe-se consigo. Leia todas as afirmações abaixo em silêncio e depois repita cada uma delas em voz alta. Suas palavras têm poder! Tome a liberdade de trocar a palavra "Deus" por qualquer outra que preferir.

Eu estou agora na presença do amor de Deus.

Eu quero sentir agora a presença do amor de Deus.

Eu abro agora meu coração e minha mente para o poder de cura do amor de Deus.

Eu coloco agora a minha fé no poder e na presença do amor de Deus.

Eu aceito e afirmo agora que não há nada que eu tenha feito, possa fazer, vá fazer ou vivenciar que me separe do amor de Deus.

Eu ofereço agora o amor de Deus a mim e estendo-o a qualquer pessoa que esteja envolvida na minha experiência de vida.

Eu agradeço porque o amor de Deus está se revelando a mim.

livrando-se da vergonha

Vá ao Glossário para ver como *vergonha* está definida. Faça o **Exercício de cuidados** da página 27 antes de começar esta folha de exercícios.

A. A experiência do meu passado que mais me envergonhou é/foi

B. Como conseqüência dessa experiência, eu acredito que

C. Como conseqüência dessa experiência, eu tenho/eu não tenho

D. Essa experiência me fez sentir

E. A minha atitude pouco amorosa foi

F. O que eu deixei de fazer foi

G. Hoje, em uma situação semelhante, eu gostaria de

H. Hoje eu quero me desapegar de todos os pensamentos, sentimentos, comportamentos, crenças e motivações que me fizeram ter vergonha quando *(reescreva a resposta de A)*

I. Ao liberar essa experiência, eu decido sentir

ESCREVA AS FRASES SEGUINTES NOVE VEZES

(Use sua mão não-dominante. Se você for uma pessoa destra, use a mão esquerda; se for uma pessoa canhota, use a mão direita.)

Agora eu me perdôo por ter acreditado que fiz algo de errado.

Agora eu me perdôo por ter acreditado que alguém fez algo de errado.

PARE AQUI!

VOCÊ CONCLUIU UM EXERCÍCIO

nota de amor

A CURA ESPIRITUAL REQUER DISPOSIÇÃO PARA PERDOAR, CORAGEM PARA LIBERAR O MEDO E RESOLUÇÃO PARA LIVRAR-SE DA RAIVA, DO ÓDIO, DA CULPA E DA VERGONHA. É ISTO QUE NOS FAZ DESENVOLVER A CAPACIDADE DE VER DEUS EM CADA PESSOA, INCLUSIVE EM NÓS MESMOS.

exercício de fechamento

Leia todas as afirmações abaixo em silêncio e depois repita cada uma delas em voz alta.

Eu quero ser feliz. Para isso me disponho a eliminar tudo aquilo que me afasta do amor. Eu quero perdoar a mim e aos outros. Quero me desapegar de todos os sentimentos que me impedem de atingir o amor. Quero me abrir para receber todas as bênçãos que cada dia, cada momento, cada pessoa me trazem. Eu sei que posso perdoar. Sei que posso me desapegar. Sei que posso acolher todas as bênçãos que o mundo me oferece. Tomo agora a resolução de perdoar. Tomo a resolução de me desapegar de todos os entraves que bloqueiam o amor. Tomo a resolução de receber as bênçãos que me são oferecidas. Eu sou um ser Amado. Nada nem ninguém pode alterar a verdade do meu ser. Por isso, sinto imensa alegria e gratidão. Que assim seja!

entendendo a vergonha

Faça o **Exercício de cuidados** da página 27 antes de começar esta folha de exercícios.

A. Tenho vergonha de mim/minha vida/meu passado quando

B. Quando penso nisso, eu sinto

C. Quando sinto isso, minha tendência é *(reveja as respostas das páginas 29-32)*

D. O que eu mais preciso nos momentos em que sinto vergonha é

E. Se eu tivesse isso, acho que me sentiria

F. O que posso fazer por mim quando me sentir dessa maneira é

G. Na próxima vez em que eu sentir vergonha, posso escolher

H. Na próxima vez em que eu sentir vergonha, tenho que me lembrar que

I. Agora eu quero me desapegar de todos os pensamentos, sentimentos, lembranças, comportamentos, intenções e motivações que geram a vergonha, pois sei que *(reescreva as respostas de G e H)*

ESCREVA AS FRASES SEGUINTES NOVE VEZES

(Use sua mão não-dominante. Se você for uma pessoa destra, use a mão esquerda; se for uma pessoa canhota, use a mão direita.)

Agora eu me perdôo por ter acreditado que fiz algo de errado.

Agora eu me perdôo por ter acreditado que alguém fez algo de errado.

PARE AQUI!
VOCÊ CONCLUIU UM EXERCÍCIO

nota de amor

DEUS DEPENDE TANTO DE VOCÊ
QUANTO VOCÊ DEPENDE DELE!

exercício de fechamento

Leia todas as afirmações abaixo em silêncio
e depois repita cada uma delas em voz alta.

Eu quero ser feliz. Para isso me disponho a eliminar tudo aquilo que me afasta do amor. Eu quero perdoar a mim e aos outros. Quero me desapegar de todos os sentimentos que me impedem de atingir o amor. Quero me abrir para receber todas as bênçãos que cada dia, cada momento, cada pessoa me trazem. Eu sei que posso perdoar. Sei que posso me desapegar. Sei que posso acolher todas as bênçãos que o mundo me oferece. Tomo agora a resolução de perdoar. Tomo a resolução de me desapegar de todos os entraves que bloqueiam o amor. Tomo a resolução de receber as bênçãos que me são oferecidas. Eu sou um ser Amado. Nada nem ninguém pode alterar a verdade do meu ser. Por isso, sinto imensa alegria e gratidão. Que assim seja!

livrando-se da culpa

Vá ao Glossário para obter uma definição de *culpa*. Faça o **Exercício de cuidados** da página 27 antes de começar esta folha de exercícios.

A. A experiência do passado que me gera mais culpa é

B. Como conseqüência dessa experiência, eu acredito que

C. Como conseqüência dessa experiência, eu tenho/eu não tenho

D. Essa experiência me fez sentir

E. Minha atitude pouco amorosa foi

F. O que eu deixei de fazer foi

G. Hoje, em uma situação semelhante, eu gostaria de

H. Hoje eu quero me desapegar de todos os pensamentos, sentimentos, comportamentos, crenças e motivações que geram a culpa numa situação de *(reescreva a resposta de A)*

I. Ao liberar essa experiência, estou escolhendo vivenciar

ESCREVA AS FRASES SEGUINTES NOVE VEZES

(Use sua mão não-dominante. Se você for uma pessoa destra, use a mão esquerda; se for uma pessoa canhota, use a mão direita.)

Agora eu me perdôo por ter acreditado que fiz algo de errado.

Agora eu me perdôo por ter acreditado que alguém fez algo de errado.

PARE AQUI!
VOCÊ CONCLUIU UM EXERCÍCIO

nota de amor

SOMENTE A VERDADE PODE LIBERTAR VOCÊ, PROPORCIONAR A CURA TOTAL, TRAZER UMA SOLUÇÃO PERMANENTE E EVITAR QUE VOCÊ VOLTE A VIVER UM PROBLEMA SEMELHANTE NO FUTURO.

exercício de fechamento

Leia todas as afirmações abaixo em silêncio e depois repita cada uma delas em voz alta.

Eu quero ser feliz. Para isso me disponho a eliminar tudo aquilo que me afasta do amor. Eu quero perdoar a mim e aos outros. Quero me desapegar de todos os sentimentos que me impedem de atingir o amor. Quero me abrir para receber todas as bênçãos que cada dia, cada momento, cada pessoa me trazem. Eu sei que posso perdoar. Sei que posso me desapegar. Sei que posso acolher todas as bênçãos que o mundo me oferece. Tomo agora a resolução de perdoar. Tomo a resolução de me desapegar de todos os entraves que bloqueiam o amor. Tomo a resolução de receber as bênçãos que me são oferecidas. Eu sou um ser Amado. Nada nem ninguém pode alterar a verdade do meu ser. Por isso, sinto imensa alegria e gratidão. Que assim seja!

entendendo a culpa

Faça o **Exercício de cuidados** da página 27 antes de começar esta folha de exercícios.

A. Sinto culpa em relação a mim/minha vida/meu passado quando

B. Isso me faz sentir

C. Quando sinto isso, minha tendência é *(reveja as respostas das páginas 29-32)*

D. O que eu mais preciso na hora em que sinto culpa é

E. Se eu tivesse isso, acho que me sentiria

F. O que posso *fazer por mim* quando sinto culpa é

G. Na próxima vez em que sentir culpa, posso escolher

H. Na próxima vez em que sentir culpa, tenho de me lembrar que

I. Agora eu quero me desapegar de todos os pensamentos, sentimentos, lembranças, comportamentos, intenções e motivações que geram culpa, pois sei que *(reescreva as respostas de G e H)*

ESCREVA AS FRASES SEGUINTES NOVE VEZES

(Use sua mão não-dominante. Se você for uma pessoa destra, use a mão esquerda; se for uma pessoa canhota, use a mão direita.)

Agora eu me perdôo por ter acreditado que fiz algo de errado.

Agora eu me perdôo por ter acreditado que alguém fez algo de errado.

PARE AQUI!

VOCÊ CONCLUIU UM EXERCÍCIO

nota de amor

VINCULAR O FUTURO ÀS DORES DO PASSADO NÃO PERMITE QUE A LUZ DA PAZ, DO AMOR OU DA ALEGRIA ENTRE EM VOCÊ.

exercício de fechamento

Leia todas as afirmações abaixo em silêncio e depois repita cada uma delas em voz alta.

Eu quero ser feliz. Para isso me disponho a eliminar tudo aquilo que me afasta do amor. Eu quero perdoar a mim e aos outros. Quero me desapegar de todos os sentimentos que me impedem de atingir o amor. Quero me abrir para receber todas as bênçãos que cada dia, cada momento, cada pessoa me trazem. Eu sei que posso perdoar. Sei que posso me desapegar. Sei que posso acolher todas as bênçãos que o mundo me oferece. Tomo agora a resolução de perdoar. Tomo a resolução de me desapegar de todos os entraves que bloqueiam o amor. Tomo a resolução de receber as bênçãos que me são oferecidas. Eu sou um ser Amado. Nada nem ninguém pode alterar a verdade do meu ser. Por isso, sinto imensa alegria e gratidão. Que assim seja!

livrando-se da raiva

Vá ao Glossário para obter uma definição de *raiva*. Faça o **Exercício de cuidados** da página 27 antes de começar esta folha de exercícios.

A. A experiência do passado que me faz sentir mais raiva é

B. Como conseqüência dessa experiência, eu acredito que

C. Como conseqüência dessa experiência, eu tenho/eu não tenho

D. Essa experiência me fez sentir

E. A minha atitude pouco amorosa foi

F. O que eu deixei de fazer foi

G. Hoje, em uma situação semelhante, eu gostaria de

H. Hoje eu quero me desapegar de todos os pensamentos, sentimentos, comportamentos, crenças e motivações que geram a raiva numa situação de *(reescreva a resposta de A)*

I. Ao me desapegar desses sentimentos, escolho sentir

ESCREVA AS FRASES SEGUINTES NOVE VEZES

(Use sua mão não-dominante. Se você for uma pessoa destra, use a mão esquerda; se for uma pessoa canhota, use a mão direita.)

Agora eu me perdôo por ter acreditado que fiz algo de errado.

Agora eu me perdôo por ter acreditado que alguém fez algo de errado.

PARE AQUI!

VOCÊ CONCLUIU UM EXERCÍCIO

nota de amor

A CURA ESPIRITUAL REQUER DISPOSIÇÃO PARA PERDOAR, CORAGEM PARA SE DESAPEGAR DO MEDO E RESOLUÇÃO PARA ABDICAR DA RAIVA, DO ÓDIO, DA CULPA E DA VERGONHA. SÓ ASSIM PODEMOS DESENVOLVER A CAPACIDADE DE VER DEUS EM CADA PESSOA, INCLUSIVE EM NÓS MESMOS.

exercício de fechamento

Leia todas as afirmações abaixo em silêncio e depois repita cada uma delas em voz alta.

Eu quero ser feliz. Para isso me disponho a eliminar tudo aquilo que me afasta do amor. Eu quero perdoar a mim e aos outros. Quero me desapegar de todos os sentimentos que me impedem de atingir o amor. Quero me abrir para receber todas as bênçãos que cada dia, cada momento, cada pessoa me trazem. Eu sei que posso perdoar. Sei que posso me desapegar. Sei que posso acolher todas as bênçãos que o mundo me oferece. Tomo agora a resolução de perdoar. Tomo a resolução de me desapegar de todos os entraves que bloqueiam o amor. Tomo a resolução de receber as bênçãos que me são oferecidas. Eu sou um ser Amado. Nada nem ninguém pode alterar a verdade do meu ser. Por isso, sinto imensa alegria e gratidão. Que assim seja!

entendendo a raiva

Faça o **Exercício de cuidados** da página 27 antes de começar esta folha de exercícios.

A. Quando penso em mim/minha vida/meu passado, fico com raiva porque

B. O que eu sinto é

C. Quando sinto raiva, minha tendência é *(reveja as respostas das páginas 29-32)*

D. O que eu mais preciso na hora em que sinto raiva é

E. Se eu tivesse isso, acho que me sentiria

F. O que posso *fazer por mim* quando sinto raiva é

G. Na próxima vez em que sentir raiva, posso escolher

H. Na próxima vez em que sentir raiva, tenho de me lembrar que

I. Agora eu quero me desapegar de todos os pensamentos, sentimentos, lembranças, comportamentos, intenções e motivações que geram a raiva, pois sei que *(reescreva as respostas de G e H)*

ESCREVA AS FRASES SEGUINTES NOVE VEZES

(Use sua mão não-dominante. Se você for uma pessoa destra, use a mão esquerda; se for uma pessoa canhota, use a mão direita.)

Agora eu me perdôo por ter acreditado que fiz algo de errado.

Agora eu me perdôo por ter acreditado que alguém fez algo de errado.

PARE AQUI!
VOCÊ CONCLUIU UM EXERCÍCIO

nota de amor

ESTÁ COM RAIVA? TENTE UM SORRISO. VAI LHE FAZER BEM. E LEMBRE-SE: ELE GERA MENOS RUGAS!

exercício de fechamento

Leia todas as afirmações abaixo em silêncio e depois repita cada uma delas em voz alta.

Eu quero ser feliz. Para isso me disponho a eliminar tudo aquilo que me afasta do amor. Eu quero perdoar a mim e aos outros. Quero me desapegar de todos os sentimentos que me impedem de atingir o amor. Quero me abrir para receber todas as bênçãos que cada dia, cada momento, cada pessoa me trazem. Eu sei que posso perdoar. Sei que posso me desapegar. Sei que posso acolher todas as bênçãos que o mundo me oferece. Tomo agora a resolução de perdoar. Tomo a resolução de me desapegar de todos os entraves que bloqueiam o amor. Tomo a resolução de receber as bênçãos que me são oferecidas. Eu sou um ser Amado. Nada nem ninguém pode alterar a verdade do meu ser. Por isso, sinto imensa alegria e gratidão. Que assim seja!

livrando-se do remorso

Vá ao Glossário para obter uma definição de *remorso.* Faça o **Exercício de cuidados** da página 27 antes de começar esta folha de exercícios.

A. A experiência do passado que me faz sentir mais remorso é

B. Como conseqüência dessa experiência, eu acho que

C. Como conseqüência dessa experiência, eu tenho/eu não tenho

D. Essa experiência me fez sentir

E. A minha atitude pouco amorosa foi

F. O que eu deixei de fazer foi

G. Hoje, em uma situação semelhante, eu gostaria de

H. Hoje eu quero me desapegar de todos os pensamentos, sentimentos, comportamentos, crenças e motivações que geram o remorso numa situação de *(reescreva a resposta de A)*

I. Ao me desapegar desses sentimentos, escolho sentir

ESCREVA AS FRASES SEGUINTES NOVE VEZES

(Use sua mão não-dominante. Se você for uma pessoa destra, use a mão esquerda; se for uma pessoa canhota, use a mão direita.)

Agora eu me perdôo por ter acreditado que fiz algo de errado.

Agora eu me perdôo por ter acreditado que alguém fez algo de errado.

PARE AQUI!
VOCÊ CONCLUIU UM EXERCÍCIO

nota de amor

SE VOCÊ ESTENDER SUA MÃO NA
ESCURIDÃO, DEUS LHE DARÁ A MÃO.
SE ESTENDER AS DUAS MÃOS NA
ESCURIDÃO, DEUS E DEUSA LEVARÃO VOCÊ
NO COLO PARA O LUGAR DE PAZ
E AMOR AONDE PRECISA IR.

exercício de fechamento

Leia todas as afirmações abaixo em silêncio
e depois repita cada uma delas em voz alta.

Eu quero ser feliz. Para isso me disponho a eliminar tudo aquilo que me afasta do amor. Eu quero perdoar a mim e aos outros. Quero me desapegar de todos os sentimentos que me impedem de atingir o amor. Quero me abrir para receber todas as bênçãos que cada dia, cada momento, cada pessoa me trazem. Eu sei que posso perdoar. Sei que posso me desapegar. Sei que posso acolher todas as bênçãos que o mundo me oferece. Tomo agora a resolução de perdoar. Tomo a resolução de me desapegar de todos os entraves que bloqueiam o amor. Tomo a resolução de receber as bênçãos que me são oferecidas. Eu sou um ser Amado. Nada nem ninguém pode alterar a verdade do meu ser. Por isso, sinto imensa alegria e gratidão. Que assim seja!

entendendo o remorso

Faça o **Exercício de cuidados** da página 27 antes de começar esta folha de exercícios.

A. Quando penso em mim/minha vida/meu passado, fico com remorso porque

B. Isso me faz sentir

C. Quando sinto remorso, minha tendência é *(reveja as respostas das páginas 29-32)*

D. O que eu mais preciso no momento em que sinto remorso é

E. Se eu tivesse isso, acredito que me sentiria

F. O que posso *fazer por mim* quando eu sinto remorso é

G. Na próxima vez em que eu sentir remorso, posso escolher

H. Na próxima vez em que eu sentir remorso, tenho de me lembrar que

I. Agora eu quero me desapegar de todos os pensamentos, sentimentos, lembranças, comportamentos, intenções e motivações que geram o remorso, pois sei que *(reescreva as respostas de G e H)*

ESCREVA AS FRASES SEGUINTES NOVE VEZES

(Use sua mão não-dominante. Se você for uma pessoa destra, use a mão esquerda; se for uma pessoa canhota, use a mão direita.)

Agora eu me perdôo por ter acreditado que fiz algo de errado.

Agora eu me perdôo por ter acreditado que alguém fez algo de errado.

PARE AQUI!

VOCÊ CONCLUIU UM EXERCÍCIO

nota de amor

À MEDIDA QUE RECONHECER O PODER E A PRESENÇA DE DEUS COMO A ESSÊNCIA ABSOLUTA DE SEU SER, O AMOR DE DEUS CERCARÁ E APOIARÁ VOCÊ EM CADA MOMENTO DE SUA VIDA. VOCÊ VIVE SOB A LUZ DO AMOR DE DEUS, SEMPRE.

exercício de fechamento

Leia todas as afirmações abaixo em silêncio e depois repita cada uma delas em voz alta.

Eu quero ser feliz. Para isso me disponho a eliminar tudo aquilo que me afasta do amor. Eu quero perdoar a mim e aos outros. Quero me desapegar de todos os sentimentos que me impedem de atingir o amor. Quero me abrir para receber todas as bênçãos que cada dia, cada momento, cada pessoa me trazem. Eu sei que posso perdoar. Sei que posso me desapegar. Sei que posso acolher todas as bênçãos que o mundo me oferece. Tomo agora a resolução de perdoar. Tomo a resolução de me desapegar de todos os entraves que bloqueiam o amor. Tomo a resolução de receber as bênçãos que me são oferecidas. Eu sou um ser Amado. Nada nem ninguém pode alterar a verdade do meu ser. Por isso, sinto imensa alegria e gratidão. Que assim seja!

livrando-se do medo

Vá ao Glossário para ver a definição funcional de *medo.* Faça o **Exercício de cuidados** da página 27 antes de começar esta folha de exercícios.

A. Meu maior medo é

B. Se isso acontecer, acho que eu

C. Se eu reagir assim, acho que

D. Meu maior medo é *(reescreva a resposta de C)*

E. Quando experimento esse medo, eu me sinto

F. Agora eu tenho consciência de que quando sinto medo minha tendência é *(reveja a resposta de D)*

G. Em vez disso, posso escolher

H. Assim, eu me sentiria

I. Se isso acontecer, acho que eu

J. Se eu reagir assim, acho que

K. Agora eu tenho consciência de que o maior medo em minha vida hoje é o de não vivenciar *(reescreva a resposta de J)*

L. Hoje eu quero me desapegar de todos os pensamentos, sentimentos, crenças, comportamentos, intenções e motivações que dão força ao medo, numa situação de *(reescreva a resposta de A)*

ESCREVA AS FRASES SEGUINTES NOVE VEZES

(Use sua mão não-dominante. Se você for uma pessoa destra, use a mão esquerda; se for uma pessoa canhota, use a mão direita.)

Não terei medo do sofrimento, do mal, das coisas, das pessoas.

A presença protetora e perfeita de Deus, que é o Bem, está comigo agora. (Tome a liberdade de trocar a palavra "Deus" por qualquer outra que preferir.)

PARE AQUI!
VOCÊ CONCLUIU UM EXERCÍCIO

nota de amor

EM UM LUGAR DE SILÊNCIO HÁ UMA GOTA DE PAZ. EM UM LUGAR DE PAZ HÁ UMA GOTA DE AMOR. EM UMA GOTA DE AMOR HÁ O SILÊNCIO DA PAZ. NO SILÊNCIO DA PAZ, EU EXISTO!

exercício de fechamento

Leia todas as afirmações abaixo em silêncio e depois repita cada uma delas em voz alta.

Eu quero ser feliz. Para isso me disponho a eliminar tudo aquilo que me afasta do amor. Eu quero perdoar a mim e aos outros. Quero me desapegar de todos os sentimentos que me impedem de atingir o amor. Quero me abrir para receber todas as bênçãos que cada dia, cada acontecimento, cada pessoa me trazem. Eu sei que posso perdoar. Sei que posso me desapegar. Sei que posso receber todas as bênçãos que o mundo me oferece. Tomo agora a resolução de perdoar. Tomo a resolução de me desapegar de todos os entraves que bloqueiam o amor. Tomo a resolução de receber as bênçãos que me são oferecidas. Eu sou um ser Amado. Nada nem ninguém pode alterar a verdade do meu ser. Por isso, sinto imensa alegria e gratidão. Que assim seja!

entendendo o medo

Adiar é uma forma de expressar o medo. Aqui, vamos trabalhar com essa questão: a arte de fugir dos problemas, adiando. Faça o **Exercício de cuidados** da página 27 antes de começar esta folha de exercícios.

A. Os melhores motivos que tenho para adiar as coisas são

B. Quando faço isso, eu me sinto

C. Quando me sinto assim, minha tendência é *(reveja as respostas às perguntas das páginas 29-32)*

D. Quando reajo assim, eu me sinto

E. Agora eu tenho consciência de que essa não é uma forma amorosa de me tratar. É uma manifestação do medo de

F. Em vez de adiar as coisas, agora posso escolher

G. Essa reação me proporcionaria uma grande sensação de

H. Agora eu escolho vivenciar uma grande sensação de *(reescreva a resposta de G)*

ESCREVA AS FRASES SEGUINTES NOVE VEZES

(Use sua mão não-dominante. Se você for uma pessoa destra, use a mão esquerda; se for uma pessoa canhota, use a mão direita.)

Agora eu me perdôo por todas as atitudes não-amorosas que tive comigo.

Agora eu me perdôo total e incondicionalmente.

PARE AQUI!
VOCÊ CONCLUIU UM EXERCÍCIO

nota de amor

EU NÃO POSSO MUDAR, ME AJUDAR OU ME CURAR. O QUE *POSSO* FAZER É CONFIAR NA PRESENÇA DE DEUS EM MIM SE EXPRESSANDO COMO FORÇA, CORAGEM E SABEDORIA PARA REMOVER OS ENTRAVES E DEIXAR FLUIR O AMOR. SÓ ASSIM CONSEGUIREI MUDAR, ME AJUDAR, ME CURAR.

exercício de fechamento

Leia todas as afirmações abaixo em silêncio e depois repita cada uma delas em voz alta.

Eu quero ser feliz. Para isso me disponho a eliminar tudo aquilo que me afasta do amor. Eu quero perdoar a mim e aos outros. Quero me desapegar de todos os sentimentos que me impedem de atingir o amor. Quero me abrir para receber todas as bênçãos que cada dia, cada momento, cada pessoa me trazem. Eu sei que posso perdoar. Sei que posso me desapegar. Sei que posso acolher todas as bênçãos que o mundo me oferece. Tomo agora a resolução de perdoar. Tomo a resolução de me desapegar de todos os entraves que bloqueiam o amor. Tomo a resolução de receber as bênçãos que me são oferecidas. Eu sou um ser Amado. Nada nem ninguém pode alterar a verdade do meu ser. Por isso, sinto imensa alegria e gratidão. Que assim seja!

O TERCEIRO ANDAR

todos os relacionamentos nos dão preciosas oportunidades de cura. Porque é nos relacionamentos que nos revelamos melhor, e é ao querer construir relacionamentos mais amorosos, que podemos nos transformar. Os relacionamentos trazem à tona sentimentos e comportamentos que parecem emergir mesmo contra nossa vontade. Se ficarmos atentos para percebê-los - não para julgá-los ou condená-los, mas para transformá-los -, teremos uma oportunidade única de nos conhecer melhor e tomar posse de nós mesmos. Assim seremos mais livres para escolher o que queremos ser, e não o que as pessoas e circunstâncias fizeram de nós ou esperam de nós. Não é um processo simples, mas os resultados compensam o esforço e o investimento.

Este é o capítulo em que a *"mudança"* acontece! O terceiro andar é o pavimento da criação. É onde criamos o amor aprendendo a amar! Para criar algo novo, precisamos ter muita clareza sobre o que desejamos. Em cada folha de exercícios apresentada a seguir, você terá que responder a uma série de perguntas criadas para ajudar a descobrir o que você deseja para a sua vida e o que espera de um relacionamento íntimo e amoroso. Não há respostas certas para as perguntas. O segredo é responder cada questão com a máxima sinceridade possível.

Normalmente, isso significa responder com o primeiro pensamento que vier à sua mente. Seu primeiro pensamento em geral é o mais verdadeiro.

Não deixe de fazer o **Exercício de cuidados** antes de começar cada seção. Depois de concluir a folha de exercícios, releia suas respostas, se quiser, e anote qualquer pensamento ou sentimento adicional que venha à tona. Quando achar que terminou, que nada mais vem à sua mente, faça o **Exercício de fechamento.** Use seu caderno e repita os exercícios quantas vezes quiser, para clarear e organizar as idéias.

Espero que você ame o que estou lhe oferecendo!

exercício de cuidados

Antes de começar qualquer seção deste livro de exercícios, preocupe-se consigo. Leia todas as afirmações abaixo em silêncio e depois repita cada uma delas em voz alta. Suas palavras têm poder! Tome a liberdade de trocar a palavra "Deus" por qualquer outra que preferir.

Eu me permito agora estar na presença do amor de Deus.

Eu quero sentir agora a presença do amor de Deus.

Eu abro agora meu coração e minha mente para o poder de cura do amor de Deus.

Eu coloco agora a minha fé no poder e na presença do amor de Deus.

Eu aceito e afirmo agora que não há nada que eu tenha feito, possa fazer, vá fazer ou vivenciar que me separe do amor de Deus.

Eu me abro agora para o amor de Deus e estendo-o a qualquer pessoa que esteja envolvida na minha experiência de vida.

Eu agradeço porque o amor de Deus se revelou a mim.

O EU IDEAL

Complete cada uma das afirmações a seguir com o primeiro pensamento que surgir em sua mente. Se preferir, use as palavras acionadoras (consulte as páginas 23-24) sempre que precisar.

1. Eu sou um ser Amado! O ser Amado é

2. Sei disso porque

3. Sinto isso porque

4. Acredito nisso porque

5. Eu sou um ser Amado! O ser Amado é

6. Sei disso porque

7. Sinto isso porque

8. Acredito nisso porque

9. Eu sou um ser Amado! O ser Amado é

10. Sei disso porque

11. Sinto isso porque

12. Acredito nisso porque

13. Eu sou um ser Amado! Sei, sinto e acredito nisso porque

14. O ser Amado merece ser

15. O ser Amado merece ter

16. O ser Amado merece sentir

17. Este é o modo como o ser Amado cria o que é:

18. Este é o modo como o ser Amado cria o que tem:

19. Este é o modo como o ser Amado cria o que sente:

20. Eu sou o ser Amado! Eu crio o que sou fazendo

21. Eu sou o ser Amado! Eu crio o que desejo vivenciar fazendo

22. Eu sou o ser Amado! Eu crio o que sinto fazendo

PARE AQUI!

VOCÊ CONCLUIU UM EXERCÍCIO

nota de amor

AQUILO EM *QUE* NOS CONCENTRAMOS TEM UM GRANDE IMPACTO NO *QUE* VIVEMOS E NA MANEIRA *COMO* VIVEMOS!

exercício de fechamento

Leia todas as afirmações abaixo em silêncio e depois repita cada uma delas em voz alta.

Eu quero ser feliz. Para isso me disponho a eliminar tudo aquilo que me afasta do amor. Eu quero perdoar a mim e aos outros. Quero me desapegar de todos os sentimentos que me impedem de atingir o amor. Quero me abrir para receber todas as bênçãos que cada dia, cada momento, cada pessoa me trazem. Eu sei que posso perdoar. Sei que posso me desapegar. Sei que posso acolher todas as bênçãos que o mundo me oferece. Tomo agora a resolução de perdoar. Tomo a resolução de me desapegar de todos os entraves que bloqueiam o amor. Tomo a resolução de receber as bênçãos que me são oferecidas. Eu sou um ser Amado. Nada nem ninguém pode alterar a verdade do meu ser. Por isso, sinto imensa alegria e gratidão. Que assim seja!

MEU PAR IDEAL

O seu parceiro ou sua parceira ideal está à sua procura com a mesma intensidade com que você o/a procura! Quando essa pessoa aparecer, o que encontrará?

1. Use de sete a nove adjetivos para descrever sua vida (família, amigos, profissão, situação financeira, saúde, etc.) hoje.

2. Use de sete a nove adjetivos para descrever como se sente em relação à sua vida hoje.

3. Use um dicionário para definir cada adjetivo que você enumerou nos itens 1 e 2.

a. Minha vida é DEFINIÇÃO

b. Sinto que minha vida é DEFINIÇÃO

4. Reveja suas respostas na lista 3a. Você acha que as definições são:

Corretas ____________

Exageradas __________ Muito exageradas __________

5. Escreva abaixo as definições que você acha mais corretas.

6. Se o seu parceiro ou sua parceira ideal aparecesse hoje, qual seria a definição mais amorosa que você poderia dar sobre sua vida, conforme o que foi descrito no item 5?

7. Explique a seu parceiro ou sua parceira ideal como a presença deles tornaria a sua experiência de vida melhor.

8. Identifique, de forma bem específica, o que exatamente você solicitaria de seu parceiro ou sua parceira em um relacionamento.

9. Reveja suas respostas na lista 3b. Você acha que as definições são:

Corretas ____________

Exageradas __________ Muito exageradas __________

10. Escreva abaixo as definições que você acredita serem as mais corretas.

11. Se o seu parceiro ou sua parceira ideal aparecesse hoje, qual seria a definição mais amorosa que você poderia dar sobre a maneira como se sente em relação à sua vida, conforme o que foi descrito no item 10?

12. Explique a seu parceiro ou sua parceira ideais como a presença dele/dela ajudaria você a se sentir melhor em relação à sua vida.

13. Identifique de forma bem específica para o seu parceiro ou sua parceira como exatamente você quer se sentir em um relacionamento.

14. Reveja suas respostas nos itens 7, 8, 12 e 13. Identifique e descreva o modo como pode criar essas experiências para você.

PARE AQUI!
VOCÊ CONCLUIU UM EXERCÍCIO

nota de amor

UM DOS MAIORES E MAIS AMOROSOS
PRESENTES QUE VOCÊ PODE OFERECER
A SEU PARCEIRO OU SUA PARCEIRA
É A SUA PLENITUDE.

exercício de fechamento

Leia todas as afirmações abaixo em silêncio
e depois repita cada uma delas em voz alta.

Eu quero ser feliz. Para isso me disponho a eliminar tudo aquilo que me afasta do amor. Eu quero perdoar a mim e aos outros. Quero me desapegar de todos os sentimentos que me impedem de atingir o amor. Quero me abrir para receber todas as bênçãos que cada dia, cada momento, cada pessoa me trazem. Eu sei que posso perdoar. Sei que posso me desapegar. Sei que posso acolher todas as bênçãos que o mundo me oferece. Tomo a resolução de me desapegar de todos os entraves que bloqueiam o amor. Tomo a resolução de receber as bênçãos que me são oferecidas. Eu sou um ser Amado. Nada nem ninguém pode alterar a verdade do meu ser. Por isso, sinto imensa alegria e gratidão. Que assim seja!

MEU PAR IDEAL

Você não poderá ter o que deseja até saber como é seu objeto de desejo e como ele se sente! Nesta seção, você começará a identificar o que deseja e a experiência que espera ter em um relacionamento amoroso ou íntimo. Em cada uma das linhas do exercício, não use mais do que cinco palavras para identificar os *atributos* - ***não as características físicas*** - que gostaria que o seu parceiro ou sua parceira ideal tivesse. No final da seção, responda às perguntas antes de passar à seção seguinte. O objetivo é ter a maior clareza possível sobre o que você quer, a experiência que deseja ter e o que isso irá lhe proporcionar. Não importa se você está ou não vivendo um relacionamento agora. Por isso, não tente confundir o que deseja com o que pode ou não pode ter. Vá fundo!

A palavra "atributo" se refere ao caráter, ao comportamento, ao estado de espírito, aos gostos, aos valores de uma pessoa, etc. Como já disse, não se trata da aparência física da pessoa. O universo sabe do que você gosta e atenderá o seu desejo se for para o seu bem!

meu par ideal

1. Meu par ideal é

2. Meu par ideal é

3. Meu par ideal é

4. Meu par ideal é

5. Meu par ideal é

6. Meu par ideal é

7. Meu par ideal é

8. Meu par ideal é

9. Meu par ideal é

GRUPO A

Se eu tivesse um relacionamento com alguém que possuísse essas qualidades, eu me sentiria

1.
2.
3.
4.
5.
6.
7.
8.
9.

GRUPO B

Se eu tivesse um relacionamento com alguém que não possuísse essas qualidades, eu me sentiria

1.
2.
3.
4.
5.
6.
7.
8.
9.

MINHA LISTA DE DESEJOS PARA MEU RELACIONAMENTO

Agora, vamos juntar tudo. Complete cada uma das afirmativas abaixo, de acordo com as instruções.

1. Meu par ideal é *(escolha uma palavra de cada linha dos atributos identificados em "Meu par ideal", página 154)*

2. Quando mantenho um relacionamento com alguém que possui essas qualidades, sinto-me *(escolha uma palavra de cada linha do Grupo A e liste-as)*

3. Manter um relacionamento com essa pessoa me faria lembrar de *(identifique um relacionamento ou uma lembrança que se assemelhe ao seu ideal de relacionamento)*

4. Quando mantenho um relacionamento com alguém **que não possui** essas qualidades, sinto-me *(escolha uma palavra de cada linha do Grupo B e liste-as)*

5. Manter um relacionamento com essa pessoa me faria lembrar de *(identifique um relacionamento ou uma lembrança que não se assemelhe ao seu ideal de relacionamento)*

6. Meu atual/último relacionamento não me oferece/oferecia essa experiência porque eu me sinto/sentia

7. Quando percebi que o relacionamento não correspondia ao meu ideal, minha atitude foi

8. Agora escolho viver um relacionamento que me faça sentir *(liste as experiências identificadas em 2)*

9. Agora eu entendo que posso ter essa experiência quando eu *(identifique o que você acha que pode fazer ou parar de fazer para poder viver a experiência do relacionamento ideal)*

10. Agora eu tenho consciência de que a maneira como posso viver essa experiência com ou sem alguém é

PARE AQUI!
VOCÊ CONCLUIU UM EXERCÍCIO

nota de amor

MORRER PARA AQUELA PESSOA QUE JÁ FOMOS E PARA OS COMPORTAMENTOS QUE SEMPRE TIVEMOS É O PREÇO DE SOFRIMENTO QUE PAGAMOS PARA ATINGIR PLENAMENTE AQUILO PARA QUE FOMOS CRIADOS. É O SOFRIMENTO NECESSÁRIO PARA VIVER!

exercício de fechamento

Leia todas as afirmações abaixo em silêncio e depois repita cada uma delas em voz alta.

Eu quero ser feliz. Para isso me disponho a eliminar tudo aquilo que me afasta do amor. Eu quero perdoar a mim e aos outros. Quero me desapegar de todos os sentimentos que me impedem de atingir o amor. Quero me abrir para receber todas as bênçãos que cada dia, cada momento, cada pessoa me trazem. Eu sei que posso perdoar. Sei que posso me desapegar. Sei que posso acolher todas as bênçãos que o mundo me oferece. Tomo agora a resolução de perdoar. Tomo a resolução de me desapegar de todos os entraves que bloqueiam o amor. Tomo a resolução de receber as bênçãos que me são oferecidas. Eu sou um ser Amado. Nada nem ninguém pode alterar a verdade do meu ser. Por isso, sinto imensa alegria e gratidão. Que assim seja!

MINHA EXPERIÊNCIA IDEAL

Responda as perguntas seguintes com a primeira coisa que lhe vier à mente ligada a relacionamentos. Use total honestidade.

1. O que você deseja?

2. O que você sentiria se conseguisse o que deseja? *(Use palavras acionadoras das páginas 23-24, caso necessário.)*

3. Que experiência (estado de espírito) você acha que isso lhe proporcionaria?

4. O que você deseja?

5. O que você sentiria se conseguisse o que deseja?

6. Que experiência (estado de espírito) você acha que isso lhe proporcionaria?

7. O que você deseja?

8. O que você sentiria se conseguisse o que deseja?

9. Que experiência (estado de espírito) você acha que isso lhe proporcionaria?

10. O que eu desejo em meu relacionamento ideal é *(reescreva as respostas de 1, 4 e 7)*

11. Meu relacionamento ideal me faria sentir *(reescreva as respostas de 2, 5 e 8)*

12. Em meu relacionamento ideal, eu experimentaria *(reescreva as respostas de 3, 6 e 9)*

13. Eu posso criar essas experiências por minha conta da seguinte forma:

PARE AQUI!
VOCÊ CONCLUIU UM EXERCÍCIO

nota de amor

PENSE EM CADA COISA NEGATIVA QUE JÁ FALOU OU PENSOU SOBRE VOCÊ E PERGUNTE-SE COMO CONSEGUIU SOBREVIVER! SABE POR QUÊ? PORQUE DEUS NOS PERDOA SEMPRE! É POR ISSO!

exercício de fechamento

Leia todas as afirmações abaixo em silêncio e depois repita cada uma delas em voz alta. Eu quero ser feliz. Para isso me disponho a eliminar tudo aquilo que me afasta do amor.
Eu quero perdoar a mim e aos outros. Quero me desapegar de todos os sentimentos que me impedem de atingir o amor.
Quero me abrir para receber todas as bênçãos que cada dia, cada acontecimento, cada pessoa me trazem.
Eu sei que posso perdoar. Sei que posso me desapegar. Sei que posso receber todas as bênçãos que o mundo me oferece.
Tomo agora a resolução de perdoar. Tomo a resolução de me desapegar de todos os entraves que bloqueiam o amor.
Tomo a resolução de receber as bênçãos que me são oferecidas.
Eu sou um ser Amado. Nada nem ninguém pode alterar a verdade do meu ser. Por isso, sinto imensa alegria e gratidão.
Que assim seja!

MEU RELACIONAMENTO IDEAL

1. Descreva como você deseja se sentir em um relacionamento.

2. O que você acha que impediu que isso acontecesse nos seus relacionamentos anteriores?

3. Por que você acha que isso vai/pode acontecer agora?

4. Como serão tomadas as decisões nesse relacionamento?

5. De que forma você tomou decisões nos relacionamentos anteriores?

6. De que maneira os recursos (financeiros, sociais, etc.) serão administrados nesse relacionamento?

7. De que maneira os recursos eram administrados nos relacionamentos anteriores?

8. Como os conflitos serão resolvidos nesse relacionamento?

9. Como os conflitos eram resolvidos nos relacionamentos anteriores?

10. O que você se dispõe a fazer para conseguir viver o relacionamento ideal?

11. Como você realizará tudo o que identificou acima?

PARE AQUI!
VOCÊ CONCLUIU UM EXERCÍCIO

nota de amor

OLHE SÓ! CHEGOU O MOMENTO DE FAZER ALGO NOVO! GRAÇAS A DEUS!

exercício de fechamento

Leia todas as afirmações abaixo em silêncio
e depois repita cada uma delas em voz alta.

Eu quero ser feliz. Para isso me disponho a eliminar tudo aquilo que me afasta do amor. Eu quero perdoar a mim e aos outros. Quero me desapegar de todos os sentimentos que me impedem de atingir o amor. Quero me abrir para receber todas as bênçãos que cada dia, cada acontecimento, cada pessoa me trazem. Eu sei que posso perdoar. Sei que posso me desapegar. Sei que posso receber todas as bênçãos que o mundo me oferece. Tomo agora a resolução de perdoar. Tomo a resolução de me desapegar de todos os entraves que bloqueiam o amor. Tomo a resolução de receber as bênçãos que me são oferecidas. Eu sou um ser Amado. Nada nem ninguém pode alterar a verdade do meu ser. Por isso, sinto imensa alegria e gratidão. Que assim seja!

O SÓTÃO

parabéns! Você conseguiu superar entraves e obstáculos! Enfrentou os demônios e matou os dragões! Depois de ter limpado a casa, você já pode tocar sua vida! Isso significa que você encontrou o amor da sua vida! Isso significa que você sabe que é um ser Amado. Mas será que isso significa que a jornada, o processo, a cura terminaram? Tenho certeza de que você sabe que não!

Você sabe que deu um passo enorme, mas sabe também que o processo de construção de uma pessoa é permanente. Só que, agora, você possui um enorme trunfo: você conhece os seus desejos, as tendências que lhe trazem prejuízo e as características que contribuem para o seu crescimento. Você aprendeu melhor a administrar tudo isso e tomou mais posse de si. Falta dar um passo essencial e este é o trabalho a ser feito no sótão.

No sótão tomamos consciência de que temos uma missão neste planeta. Você está aqui para glorificar o seu Deus, expressando plenamente o seu verdadeiro Eu. Você está aqui para celebrar tudo o que a vida oferece. Você está aqui para fazer o que gosta e o que lhe traz alegria! Para viver plenamente e para ajudar aqueles com quem convive a se tornarem o melhor que podem ser. Sua capacidade vem do amor, a essência do seu ser. Livre de entraves, o amor flui e contamina tudo o que você faz. O seu trabalho, a partir de agora, é tornar-se uma luz neste mundo. Pode não ser sempre fácil, mas quer saber de uma coisa? Você tem o equipamento necessário: o seu ser Amado, você mesmo!

exercício de cuidados

Antes de começar qualquer seção deste livro de exercícios, leia todas as afirmações abaixo em silêncio e depois repita cada uma delas em voz alta. Suas palavras têm poder! Tome a liberdade de trocar a palavra "Deus" por qualquer outra que você preferir.

Não há nada a ser curado, somente Deus a ser revelado.
Não há nada a ser curado, somente Deus a ser revelado.
Não há nada a ser curado, somente Deus a ser revelado.
Eu Te agradeço, meu Deus, por ter se revelado na forma de paz em minha vida. Eu Te agradeço, meu Deus, por ter se revelado na forma de alegria em minha vida. Eu Te agradeço, meu Deus, por ter se revelado na forma de força em minha vida. Eu Te agradeço, meu Deus, por ter se revelado no centro de minha vida. Eu Te agradeço, meu Deus, por me defender, me proteger, me guiar, cuidar de tudo o que me diz respeito e fazer tudo o que foi destinado a mim. Eu Te agradeço, meu Deus, por curar meus relacionamentos, proteger meus filhos, curar meu corpo, suprir todas as minhas necessidades. Acima de tudo, eu Te agradeço, meu Deus, por me amar do jeito que sou, saber o que preciso e por ser exatamente tudo o que preciso, mesmo antes de eu pedir. Hoje, eu reconheço, aceito, acredito que não há nada que precise ser consertado, mudado ou curado em mim ou em relação a mim, pois Deus, meu Deus, sempre será revelado. Por isso, sinto imensa alegria e gratidão. Que assim seja!

OS ATOS DIÁRIOS DE FÉ

Não reaja negativamente ao que vou lhe propor agora. Ouça-me primeiro. Vou lhe propor rezar diariamente, de manhã e à noite! Sabe por quê? Porque a oração é a melhor forma de entrar conscientemente em contato com essa energia - que muitos chamam de Deus - presente no universo e que se manifesta em você em forma de força, coragem, solidariedade e sobretudo Amor. Ao entrar em contato com essa energia através da oração, você estará fortalecendo a consciência conquistada e estará se abrindo para receber novas bênçãos. Reze nove dias consecutivos, toda manhã (ao se levantar) e toda noite (antes de deitar). A oração que lhe proponho é dividida em quatro partes: Reconhecer, Confessar, Agradecer e Pedir. Complete todas as frases de forma espontânea e conclua cada parte antes de passar para a outra. Se quiser, substitua a palavra "Deus" por qualquer outra que preferir.

reconhecer a Presença Divina em sua vida, seus pensamentos, sentimentos e idéias mais profundos.

1. Hoje eu reconheço Deus como

2. Hoje eu reconheço Deus como

3. Hoje eu reconheço Deus como

4. Hoje eu reconheço Deus como

5. Hoje eu reconheço Deus como

6. Hoje eu reconheço Deus como

7. Hoje eu reconheço Deus como

8. Hoje eu reconheço Deus como

9. Hoje eu reconheço Deus como

confessar não significa admitir culpa, mas apenas reconhecer que suas atitudes pouco amorosas não são um reflexo de seu verdadeiro Eu.

1. Hoje eu confesso que

e me perdôo total e incondicionalmente.

2. Hoje eu confesso que

e me perdôo total e incondicionalmente.

3. Hoje eu confesso que

e me perdôo total e incondicionalmente.

4. Hoje eu confesso que

e me perdôo total e incondicionalmente.

5. Hoje eu confesso que

e me perdôo total e incondicionalmente.

6. Hoje eu confesso que

e me perdôo total e incondicionalmente.

7. Hoje eu confesso que

e me perdôo total e incondicionalmente.

8. Hoje eu confesso que

e me perdôo total e incondicionalmente.

9. Hoje eu confesso que

e me perdôo total e incondicionalmente.

agradecer é reconhecer conscientemente tudo o que você recebeu, expressando alegria e gratidão.

1. Hoje eu agradeço a Deus por

2. Hoje eu agradeço a Deus por

3. Hoje eu agradeço a Deus por

4. Hoje eu agradeço a Deus por

5. Hoje eu agradeço a Deus por

6. Hoje eu agradeço a Deus por

7. Hoje eu agradeço a Deus por

8. Hoje eu agradeço a Deus por

9. Hoje eu agradeço a Deus por

pedir apoio é querer ajuda, assistência, orientação em uma necessidade ou expressar um desejo específico de sua vida.

1. Hoje eu peço

e agradeço muito por isso.

2. Hoje eu peço

e agradeço muito por isso.

3. Hoje eu peço

e agradeço muito por isso.

4. Hoje eu peço

e agradeço muito por isso.

5. Hoje eu peço

e agradeço muito por isso.

6. Hoje eu peço

e agradeço muito por isso.

7. Hoje eu peço

e agradeço muito por isso.

8. Hoje eu peço

e agradeço muito por isso.

9. Hoje eu peço

e agradeço muito por isso.

Depois que concluir todo este exercício, passe alguns momentos em contemplação silenciosa.

PARE AQUI!
VOCÊ CONCLUIU UM EXERCÍCIO

nota de amor

QUANDO VOCÊ CONSEGUE COMEÇAR
A VER E PERCEBER A PRESENÇA
DE DEUS NO QUE ACONTECE LÁ FORA,
ALGO COMEÇA A ACONTECER
DENTRO DE VOCÊ.

exercício de fechamento

Leia todas as afirmações abaixo em silêncio e depois repita cada uma delas em voz alta. Vamos rezar!
Querido Deus: Este é o dia que o Senhor criou e estou feliz por ser parte dele. Este é o dia em que decidi me entregar totalmente em Suas mãos. Neste dia, declaro e decreto que estou livre do medo! Livre da dúvida! Livre da raiva! Livre da vergonha! Livre da culpa! Livre das ações e dos pensamentos que me prejudicam! Neste dia tão feliz, determino-me firmemente a dedicar-me a viver, da forma mais amorosa possível, a vida que o Senhor criou para mim.
Uma vida de amor, paz, alegria, plenitude e criação.
Este é o dia, meu Deus! Seu dia! Meu dia!
Por este dia, sinto muita gratidão.
Que assim seja!

A PRÁTICA DA PRESENÇA

1. Como é que você define espiritualidade?

2. De que forma você pratica diariamente a espiritualidade, de acordo com esta definição?

3. De que maneira você deseja vivenciar mais espiritualidade em sua vida?

4. O que você pretende fazer para criar essa experiência?

5. Como é que você define o amor?

6. De que maneira você vive diariamente o amor, de acordo com esta definição?

7. De que maneira você deseja dar mais amor?

8. Como é que você pode mostrar amor às pessoas com as quais não tem afinidade?

9. Como é que você define Deus?

10. De que maneira você vivencia Deus diariamente?

11. De que maneira você deseja vivenciar Deus mais intensamente?

12. O que você pretende fazer para criar essa experiência?

COORDENAÇÃO DA CONFIRMAÇÃO

1. Com relação à minha vida espiritual, eu me comprometo a criar experiências mais espirituais fazendo

2. Com relação ao que entendo como amor, eu me comprometo a criar mais amor em minha vida fazendo

3. Com relação a quem eu entendo como Deus, eu me comprometo a criar uma experiência maior de Deus fazendo

4. Ao me comprometer a criar cada uma dessas experiências em minha vida, não desejo mais

PARE AQUI!
VOCÊ CONCLUIU UM EXERCÍCIO

nota de amor

AO RECONHECER QUE DEUS ESTÁ PRESENTE EM CADA SITUAÇÃO, NUNCA PERDEMOS A OPORTUNIDADE DE CONTEMPLAR O SER AMADO, O ESPÍRITO PRECIOSO INERENTE A CADA MOMENTO EM QUE NOS ENCONTRAMOS COM ALGUMA CRIAÇÃO DE DEUS.

exercício de fechamento

Leia todas as afirmações abaixo em silêncio e depois repita cada uma delas em voz alta. Vamos rezar!

Querido Deus:
Este é o dia que o Senhor criou e estou feliz por ser parte dele. Este é o dia em que decidi me entregar totalmente em Suas mãos. Neste dia, declaro e decreto que estou livre do medo! Livre da dúvida! Livre da raiva! Livre da vergonha! Livre da culpa! Livre das ações e dos pensamentos que me prejudicam! Neste dia tão feliz, determino-me firmemente a dedicar-me a viver, da forma mais amorosa possível, a vida que o Senhor criou para mim. Uma vida de amor, paz, alegria, plenitude e criação. Este é o dia, meu Deus! Seu dia, meu dia! E, por este dia, sinto muita gratidão. Que assim seja! E ASSIM É!

UM PENSAMENTO PARA O MEIO-TEMPO

Você percorreu um longo caminho! Rezo para que tenha aprendido e crescido muito. Rezo também para que você consiga transformar cada vez mais tudo o que descobriu durante essa jornada do *meio-tempo* em ações para sua felicidade. Desejo sobretudo que você tenha plena consciência de que, independente dos lugares por onde passou, do que viveu, ou de como se sente em relação a qualquer uma dessas experiências, você pode sempre contar com o Espírito da vida presente no universo e no mais íntimo do seu ser. É só apelar para ele.

Rezo para que você honre e respeite o ser Amado - que é você - em cada momento de cada dia para o resto da eternidade. Rezo para que você se honre e respeite, enchendo de tal forma sua vida de amor, que este amor transborde para aqueles com quem você convive, iluminando o mundo. E que você encontre sua felicidade e plenitude ao dar e receber amor, livremente, alegremente. Rezo para que você tome posse da sua verdade e do direito que você tem a ela. Rezo para que, se cair novamente em desânimo, dúvida, confusão, você tenha paciência e confie na força e sabedoria que adquiriu e se incorporaram a seu ser. Apele para o Espírito da vida e terá uma resposta. Nesse *meio-tempo,* não se esqueça de que você é um ser Amado, que há valor em cada crise, que a crise nos ensina e faz crescer, e que a fé controla sua força interior. A força interior, meu ser Amado, é a presença de Deus - seja lá por que nome ele, ou ela, é conhecido.

Abra-se para receber as bênçãos que lhe são oferecidas!

Abra-se para o amor! E seja feliz!

GLOSSÁRIO

Abandono — Incapacidade de reconhecer a verdade. A negação da Presença Divina.

Aceitação — Saber que tudo acaba bem, mesmo quando não dá para prever ou entender o desfecho da situação.

Afirmação — Algo que é dito e aceito como verdadeiro.

Agressão — Ir contra o fluxo natural, normal ou visível.

Alegria — Expressão natural do Espírito Santo. Estado de bem-estar e unidade.

Alinhamento — Estar em paz, harmonia e equilíbrio com o fluxo da energia divina.

Amor — Em seu sentido maior, esta é a natureza da realidade: Deus é Amor. Amor é

Deus. Cria harmonia, clareza e promove a transformação e a unidade. Em seu sentido menor, é a ligação emocional com alguém ou compartilhada com alguém. Ele vai e vem, dependendo do humor ou da atitude da pessoa.

Amor-próprio Consciência e aceitação de tudo o que você é.

Auto-aceitação Crença saudável sobre si mesmo e suas capacidades.

Autocrítica Opinião baseada na intuição. Reflexo de autovalorização e auto-estima baixas.

Auto-estima Crença saudável a respeito de si mesmo e de suas capacidades. Ligação profunda com seu ser mais íntimo.

Auto-respeito Alto nível de consideração por si mesmo e pelos desejos do seu coração. Capacidade de tornar o próprio bem-estar uma prioridade em todas as atividades. Consciência da divindade interior.

Autovalorização Reconhecimento composto de auto-aceitação e auto-respeito. Capacidade de esperar o máximo e dar o máximo de si mesmo em todas as circunstâncias. Reconhecimento da superioridade.

Bênção — Boa sorte que cruza o seu caminho sem nenhuma ação consciente de sua parte. Demonstração da graça e do amor de Deus na forma concreta.

Caráter — A essência básica da pessoa. Os valores que direcionam a vida da pessoa. O fundamento da capacidade de viver.

Carência — Medo. Construção mental e emocional. Negação da Presença Divina. Ausência da verdade.

Celebrar — Liberdade de espírito. Louvar e agradecer. Sentir-se bem e demonstrar o que sente.

Ciúme — Medo. Crença na carência. Manifestação da falta de auto-estima, amor-próprio, autovalorização. Necessidade do ego de acreditar que "Não sou tão bom", ou "Não mereço".

Compaixão — Capacidade de ver erros sem a necessidade de condenar alguém. Sentimento de um coração aberto e compreensivo que pode oferecer piedade, verdade e amor.

Compreensão — Aceitação da verdade e do princípio espiritual. Integração do conhecimento intelectual e espiritual.

Compromisso	Firme propósito. Dar tudo o que se pode oferecer. Dedicação e fé no decorrer de acontecimentos desejados.
Confiança	Crença inquestionável e esperança destemida na operação da lei e da ordem divinas. Compromisso mental e emocional com a vontade de Deus.
Conflito	Falta de harmonia e equilíbrio. Oposição entre forças, energias ou pessoas que se movem em direções semelhantes ou diferentes. Um teste de caráter.
Confusão	Escuridão mental, emocional ou espiritual. Conflito mental, emocional ou espiritual.
Conhecimento	Sabedoria interior dos princípios divinos e da forma com que eles funcionam e se manifestam no mundo físico. Conjunto de informações colhidas por meio de exposição, experiência, percepção. Ciência de que os fatos podem ou não refletir toda a verdade. O conhecimento intelectual nasce da mente individual e está sujeito a julgamento. O conhecimento espiritual nasce da Mente Divina e se baseia na verdade eterna.
Consciência	Conjunto de idéias acumuladas na

mente individual que afeta o estado de espírito. Grupo de crenças, pensamentos, emoções, sensações e conhecimentos que compõem e alimentam o aspecto consciente, subconsciente e superconsciente da mente individual.

Controle — Agressão. Tentativa consciente de direcionar os acontecimentos. Crença inconsciente que impede e bloqueia o curso desses acontecimentos. Capacidade de ajustar-se ao fluxo natural dos eventos.

Cooperação — Trabalho em consonância e conjunto de duas ou mais forças. Equilíbrio, harmonia, reconhecimento mútuo entre as forças.

Coragem — Libertação do medo. Capacidade de estar, permanecer e agir em situações de ansiedade, perigo, oposição.

Crença — Aceitação mental e emocional de uma idéia como verdadeira.

Culpa — Repassar a alguém a responsabilidade por sua felicidade ou bem-estar. Buscar fora de si mesmo uma resposta ou solução. Crença na existência de algo profundamente errado em uma atitude tomada. Sentimento venenoso que geralmente leva à vergonha.

Cura — Restauração da mente, do corpo ou do espírito a um estado de unificação com Deus. Crença na abertura e na receptividade para a presença de Deus como Espírito.

Decepção — Expectativas baseadas em desejos falsos, ou não comunicados, que não se realizam como esperado. Ausência de empatia com o resultado dos fatos.

Depressão — Raiva não exprimida, recolhida. Sentimento de peso ou opressão. Impotência diante das situações, incapacidade de seguir a vida.

Desespero — Crença no abandono físico, emocional ou espiritual. Ações que negam a verdade. Resistência à impotência, à rendição. Renúncia à verdade e à fé.

Desligamento — Estrutura mental, emocional e espiritual que permite à pessoa subtrair as emoções durante o decorrer dos fatos. Capacidade de tornar-se uma testemunha em vez de um participante. Falta de ligação mental ou emocional com os acontecimentos.

Discernimento Ver além das aparências obscuras e ocultas, mas divinas.

Disciplina Concentração. Disposição de aprender. Capacidade de viver com base na fé e na obediência.

Drama Participação ativa no conflito, na confusão e na aparência do que é falso. Tentativa de obter atenção ou controle da situação. Resistência à mudança. Negação da verdade!

Dúvida Conseqüência do questionamento da confiança e da verdade. Falta de atenção e comprometimento que causa o medo. Raiz da fraqueza mental e espiritual que leva à indecisão.

Ego "Facilitar a saída de Deus", considerar o seu modo o modo correto de fazer as coisas. Acreditar que Deus não está junto de nós. Base do medo.

Empatia Capacidade de se colocar no lugar da outra pessoa e conhecer a verdade sem julgamentos. Proporcionar ao outro aquilo que você deseja para si mesmo.

Entrega Liberação psicológica e emocional. Reconhecimento do poder da atividade espiritual. Obediência ao princípio espiritual, que origina uma experiência de paz e bem-estar. Ato de aceitação.

Equilíbrio Ter e criar tempo ou gastar tempo e energia de forma harmoniosa em todas as áreas e aspectos da vida e da existência.

Erros Produto natural da evolução do espírito. Confusão entre o conhecimento e a verdade. Ato de medo baseado em percepções falsas.

Evolução Chamado para um patamar superior. Desenvolvimento atingido com o reconhecimento da lei espiritual. Desenrolar de circunstâncias naturais de acordo com as ordens divinas do plano espiritual.

Exaltação Agradecimento. Reconhecimento e aceitação consciente da Presença Divina.

Fé Afirmação espiritual, sabedoria interna que delineia a força do desejo do coração. Confiança na bondade de Deus, que oferece proteção contra todo o mal.

Ganância Apetite insaciável dos sentidos físicos. Falta de gratidão. Crença na carência.

Graça — Presença onipresente, todo-poderosa, conhecedora de todas as coisas e perfeita de Deus.

Gratidão — Humildade do espírito, que louva todas as coisas. Ato de louvar. Disposição de receber. Teste de discernimento espiritual.

Humildade — Espaço concedido ao Espírito de Deus para expressar-se através da pessoa. Capacidade de dar e servir sem esperar recompensas físicas. Reconhecimento de Deus como doador e autor de todas as coisas.

Iluminação — Compreensão inspirada pelo poder divino. Capacidade de ver além de todas as manifestações físicas até o princípio espiritual como uma presença ativa.

Impaciência — Medo. Ausência de fé. Ação real do ego para ter o controle das circunstâncias e das pessoas.

Inspiração — Motivação divina que vem de dentro.

Instinto (sexto sentido) — Voz do Espírito que vem do interior da consciência. Presença do Espírito Santo que habita o ser. (Ver *Intuição*.)

Intenção	Expectativa formulada ou não-formulada. Causa de todos os resultados. Motivação subconsciente de toda ação.
Intuição	"Ensinamentos que vêm de dentro." Aspecto subconsciente e superconsciente da mente individual que traz à tona informações necessárias para a evolução do espírito.
Julgamento	Medo. Construção mental que envolve a avaliação por comparação ou contraste. Manifestação ativa da necessidade de estar certo. Incapacidade do discernimento da verdade.
Justiça	Efeitos da causa espiritual. Pensamentos e sentimentos são a causa de todas as realidades físicas. O que foi plantado nos pensamentos e sentimentos e é colhido em experiências.
Liberdade	Capacidade de conhecer e viver a verdade. Capacidade de escolher. Ausência de pensamentos de confinamento, restrições, limitações ou opressão. Sensação de bem-estar interior que se manifesta no mundo exterior.
Limitação	Construção mental que confere poder às pessoas e condições. Ignorância da ver-

dade. Renúncia à liberdade de escolha e ao livre-arbítrio.

Meditação Ato consciente de acalmar a mente física. Concentrar-se na confraternização interior. Ouvir a voz interior do Espírito. Cessar todo o movimento e a atividade externa.

Medo Falsa expectativa que parece real. Sensação de terror, susto e dor aumentada pela crença na separação. Instrumento básico do ego para encontrar falhas.

Mente Divina A absoluta. O alfa (início) e o ômega (fim) da criação e da vida; o Espírito de Deus ilimitado, onipresente, todo-poderoso e conhecedor de todas as coisas.

Mentiras pessoais As coisas que afirmamos para nós mesmos sobre nós mesmos e que servem para criar a crença na carência, na restrição e na limitação. Um mecanismo de defesa contra o medo.

Morte Transição espiritual de uma forma para outra. Ausência de vida, seja ela física, emocional ou espiritual. Dissolução física do corpo ou de uma circunstância.

Mudança Deslocamento ou movimento no fluxo

da vida. Resultado do curso natural dos acontecimentos.

Não-resistência Disposição de reconhecer e honrar o curso natural dos acontecimentos. Renúncia ao medo, ao ressentimento e ao julgamento. Destemor fundamentado na confiança.

Negação Recusa consciente ou incapacidade subconsciente de ver, saber ou aceitar a verdade.

Obediência Reconhecimento constante do Espírito. Confiança e respeito em relação a si mesmo. Conseqüência da disciplina.

Obstáculo Surgimento ou manifestação de bloqueios mentais ou físicos criados pelos próprios pensamentos, crenças ou ações da pessoa.

Oração Comunicação com a Presença Divina e consciência dessa presença em seu interior. Ato de comunicar-se com a Presença Divina.

Ordem Organização do universo. Sistema da verdade pelo qual as coisas devem acontecer para promover a harmonia.

Paciência — Calma interior no meio do caos externo. Ato de total rendição à ordem divina.

Pânico — Inevitável conseqüência da desordem e da impaciência.

Paz — Harmonia absoluta em todos os níveis: mental, físico, emocional e espiritual. Amor incondicional por todas as coisas.

Perdão — Desistir do antigo e apostar no novo, trocar o mal pelo bem. Permitir mudanças. Apelo para a cura da consciência.

Perseverança — Esforço para encontrar a verdade que traz paz, harmonia e aceitação.

Persistência — Qualidade espiritual que leva a pessoa à realização ou à execução de algo.

Personalidade — Atributos físicos e mentais desenvolvidos em resposta ao ambiente, às experiências, ao condicionamento e aos julgamentos sobre tudo isso.

Poder — Capacidade de fazer algo.

Protelação — Adiamento intuitivo das coisas que a pessoa teme conhecer ou vivenciar. Mecanismo de defesa mental e física contra os medos conscientes e inconscientes.

Raiva Intensa reação emocional ao que for contrário ao que se deseja ou ao que se espera de pessoas ou situações.

Realidade O eterno e imutável. A presença espiritual está no pano de fundo de toda a existência real; tudo o que é externo significa um produto dessa presença.

Reflexo Conjunto de nossos padrões de pensamento, crenças e ações manifestadas em nossa vida, no mundo e nos acontecimentos.

Remorso Aflição. Tormento da consciência por um ato considerado culpável contra si mesmo ou contra alguém.

Respeito Consideração consciente pela presença física, mental, emocional e espiritual em nosso mundo.

Responsabilidade Responder por tudo o que houver ou ocorrer em nossas vidas.

Sabedoria Conhecimento intuitivo e intuição espiritual. A voz de Deus que vem de dentro do ser como a fonte da compreensão e da atitude. Capacidade de agir de acordo com conhecimentos e princípios.

Sinceridade	Disposição de saber, aceitar e promover a verdade.
Solidão	Construção mental e emocional baseada na crença do ego na separação e imperfeição.
Tolerância	Firme determinação baseada na verdade e em princípios espirituais. Produto da coragem. Recompensa pela entrega.
Traição	Sentimento que emerge quando uma pessoa na qual depositamos confiança ou a quem nos entregamos age de forma desonesta.
Verdade	Aspecto de Deus absoluto e totalmente abrangente. Fundamento do princípio espiritual. Conformidade com o princípio de Deus como a fonte criativa e a causa de tudo. A palavra imutável e infinita que é hoje, foi no passado e será sempre constante.
Vergonha	Crença de que há algo intrinsecamente errado com a pessoa que você é. Sentimento venenoso que nasce do condicionamento, do ambiente em que se vive e da culpa.

CONHEÇA OUTROS TÍTULOS DE IYANLA VANZANT:

ENQUANTO O AMOR NÃO VEM

O que é que se faz enquanto o amor que se deseja não vem?

"Haverá um momento em sua vida em que o amor vai chegar. Antes disso, você terá feito tudo o que podia, tentado tudo o que podia, sofrido o quanto podia e desistido muitas vezes. Mas com a mesma certeza com que você está lendo este texto, posso lhe garantir que esse dia virá. Nesse meio-tempo, este livro vai lhe contar muitas histórias e lhe ensinar algumas coisas que você pode fazer para se preparar para o dia mais feliz de sua vida: o dia em que experimentar o amor verdadeiro."

Iyanla Vanzant

UM DIA MINHA ALMA SE ABRIU POR INTEIRO

Este livro é um precioso companheiro na jornada que empreendemos em busca da felicidade. A autora nos guia durante quarenta dias e quarenta noites para tratar de nossa relação com o Divino, com os outros e com nossos sentimentos.

Ela nos fala da Verdade, da Confiança, da Escolha, dos Limites, do Perdão, da Raiva, do Medo, da Culpa, da Alegria e do Amor, totalizando quarenta valores e sentimentos que fazem parte essencial da vida. E fala como uma amiga inteligente, sensível e disposta a compartilhar generosamente suas histórias e reflexões.

ONTEM, EU CHOREI

"Este livro não é apenas a minha história, é a nossa história. História das coisas comuns que todos nós vivemos e que não aprendemos a expressar. História das coisas que nos mutilam porque as vemos com medo, com raiva, com culpa e com vergonha. Meu desejo é que minha história ajude as pessoas a jogarem fora suas muletas de deformações e vícios, para podermos ficar juntos em uma nova época, em um novo lugar, com uma nova compreensão que nos permitirá celebrar o fato de estarmos vivos.

Espero que, ao ler este livro, vocês encontrem coragem para chorar e compreender por que estão chorando. Espero que percebam as lições por baixo das lágrimas e que sejam capazes de se amar em qualquer circunstância e apesar de tudo."

Iyanla Vanzant

CONHEÇA OUTROS IMPORTANTES TÍTULOS DA EDITORA SEXTANTE:

De Bradley Trevor Greive

O SENTIDO DA VIDA

Qual é o sentido da vida? Ao longo da História, grandes filósofos e pensadores quebraram a cabeça à procura de uma resposta. Agora, combinando mais uma vez divertidas fotos de animais com um texto afiado, Bradley Trevor Greive dá sua contribuição inteligente e bem-humorada a um dos maiores debates da humanidade.

Com tradução de Luis Fernando Verissimo, *O Sentido da Vida* é um excelente presente. Afinal, todos nós gostaríamos de decifrar a verdadeira razão de nossa existência, mas, enquanto não conseguimos, o melhor é dar boas risadas e aproveitar a vida. Mesmo que ela não tenha nenhum sentido.

De Leslie Whitaker e Elizabeth Austin

GUIA DE NEGOCIAÇÃO PARA MULHERES

Divertido e recheado de dicas, o *Guia de Negociação para Mulheres* traz histórias de donas-de-casa e executivas que descobriram o caminho para fechar acordos melhores em vários aspectos da sua vida: seja na hora de pedir um aumento de salário, comprar um carro novo ou convencer o marido a mudar seu comportamento na cama.

Nesta edição, além de grandes empresárias americanas, brasileiras de sucesso em diversas áreas de atuação, como a cineasta Carla Camurati e a cronista Danuza Leão, dividem suas experiências com as leitoras. Descubra com elas o que você precisa fazer para ganhar confiança e negociar com inteligência em qualquer situação.

De Terry Burnham e Jay Phelan

A CULPA É DA GENÉTICA

A Culpa é da Genética é o primeiro livro a mostrar de forma acessível e bem-humorada a decisiva influência dos genes em nosso comportamento.

Com capítulos sobre dívidas, gordura, drogas, risco, ganância, gênero, beleza, infidelidade, família, amigos e inimigos, os autores demonstram que os mesmos genes que ajudaram nossos antigos ancestrais a sobreviver nos levam a ter comportamentos inadequados no mundo moderno.

De Jack Canfield, Mark
Victor Hansen e Heather McNamara

HISTÓRIAS PARA AQUECER O CORAÇÃO

50 histórias de vida, amor e sabedoria

"Deus criou o homem porque adora histórias."
Elie Wiesel

Um dos maiores fenômenos editoriais dos últimos tempos, com mais de 70 milhões de livros vendidos no mundo inteiro, *Histórias para Aquecer o Coração* é o primeiro título da premiada coleção que tem inspirado leitores de todas as idades.

Cada uma das histórias deste livro contém algum significado especial. Elas nos falam do extraordinário poder de superação que tem a vida, da força com que ela nos impele para enfrentar desafios e ultrapassar dificuldades.

"Uma história é capaz de iluminar nossa relação com os outros, de fortalecer nossa compaixão, de transformar o olhar com que contemplamos os nossos semelhantes, confirmando a crença de que 'estamos todos juntos na tarefa de viver'."
Ruth Stotter

De Tony Parsons

PAI E FILHO

Harry tinha uma vida invejável: uma esposa linda, um filho adorável e um ótimo emprego na TV. Mas, às vésperas de completar 30 anos, ele perde tudo ao agir como um garoto imaturo.

Quando sua ex-mulher vai trabalhar no Japão, deixando o filho de quatro anos para trás, Harry tenta provar que pode ser um pai de verdade. Eleito o "Livro do Ano" pela crítica inglesa em 2001, este divertido e comovente romance vai fazer você rir, chorar e se identificar com os desafios, sonhos e conquistas de um pai separado construindo com seu filho uma nova vida.

De David Niven

OS 100 SEGREDOS DAS PESSOAS FELIZES

Não existe a menor dúvida: ser feliz é o desejo de todo ser humano. Mas o que é ser feliz e como fazer para atingir a felicidade com que todos sonhamos?

Baseado nas pesquisas e estudos de cientistas junto a milhares de pessoas, o psicólogo e cientista social David Niven organizou uma lista dos 100 segredos mais simples que são realmente capazes de tornar as pessoas felizes.

E como a leitura de um complicado tratado científico pode ser causa de grande infelicidade, esses segredos estão aqui colocados de forma interessante e com exemplos que vão nos ajudar a identificar as situações descritas e compreendê-las. Tudo para você descobrir o que pode fazer para aproveitar melhor a vida.

De Leonardo Boff e Rose Marie Muraro

FEMININO E MASCULINO

Neste livro, Leonardo Boff e Rose Marie Muraro fazem uma análise profunda da sexualidade e mostram como os conflitos entre os gêneros podem levar à destruição da humanidade. É preciso estabelecer um convívio pessoal mais harmônico entre homens e mulheres, sem competição nem violência, e criar uma nova consciência, mais solidária.

Leonardo e Rose chegam às mesmas conclusões por caminhos totalmente diferentes. Leonardo faz um apanhado da sexualidade desde os primeiros seres vivos até hoje, analisa a evolução do homem e aborda os aspectos biológicos, históricos, sociais e teológicos da construção do feminino e do masculino. Rose se detém sobre os processos simbólicos e faz articulações entre a sexualidade, a família e o sistema econômico. Seu trabalho é complementado por uma pesquisa com 1.259 brasileiros e brasileiras de diversas classes sociais.

De Sua Santidade, o Dalai-Lama

O CAMINHO DA TRANQÜILIDADE

"Este livro inclui citações cotidianas selecionadas de meus próprios escritos e de trabalhos de minha autoria já publicados. Com toda a humildade, rezo para que os leitores possam encontrar nestas palavras alguma inspiração para desenvolver aquela generosa paz de espírito que é a chave da felicidade duradoura."

Sua Santidade, o Dalai-Lama

De David Kundtz

A ESSENCIAL ARTE DE PARAR

"Este livro é um instrumento elegante e poderoso para encontrar serenidade e placidez em nossas vidas atarefadas."

Richard Carlson, autor de
Não Faça Tempestade em Copo d'Água

Você se sente atordoado pelo ritmo acelerado da sua vida? Deseja dar mais atenção a valores fundamentais?

Se é isto o que quer, este livro vai lhe ensinar três formas de parar e como cada uma delas é adequada a um momento diferente da vida. Usando esse método, você ficará mais atento e será capaz de escolher o que é melhor para a sua vida.

De Sharon Lebell

A ARTE DE VIVER

Como viver uma vida plena, significativa e feliz? Como ser ao mesmo tempo uma pessoa digna e eficiente?

As respostas a estas perguntas foram dadas com apaixonada simplicidade por Epicteto, filósofo romano nascido por volta do ano 55 d.C.

Os 93 pensamentos preciosos reunidos em *A Arte de Viver* servem como um guia para se alcançar a liberdade e a tranqüilidade interior. A essência da filosofia de Epicteto é demonstrar que virtude e felicidade são estados estreitamente relacionados.

CONHEÇA TAMBÉM OS SEGUINTES TÍTULOS DA EDITORA SEXTANTE:

Bradley Trevor Greive
- Um Dia "Daqueles" - Uma lição de vida para levantar o seu astral
- Querida Mamãe, Obrigado por tudo

Sarah Ban Breathnach
- Algo Mais

Augusto Cury
- Você é Insubstituível

Darrin Zeer
- Ioga no Trabalho

Anita Diamant
- A Tenda Vermelha

Allan e Barbara Pease
- Por que os Homens Fazem Sexo e as Mulheres Fazem Amor

Sylvia Browne
- O Outro Lado da Vida
- A Vida no Outro Lado

Rachel Naomi Remen
- As Bênçãos do Meu Avô

Bertrand Russell
- O Elogio ao Ócio

Domenico De Masi
- O Ócio Criativo
- A Economia do Ócio

Leonardo Boff
- A Oração de São Francisco
- Tempo de Transcendência (acompanha CD com palestra do autor)
- Espiritualidade (acompanha CD com palestra do autor)
- Fundamentalismo (acompanha CD com palestra do autor)

Philip Toshio Sudo
- Sexo Zen

Louise Hay
- Meditações para a Manhã e para a Noite (acompanha CD com exercícios de meditação)
- Cultivando a Saúde do Corpo e da Mente (acompanha CD com exercícios de meditação)
- Aprendendo a Gostar de Si Mesmo (acompanha CD com exercícios de meditação)

James Van Praagh
- Em Busca da Espiritualidade
- Em Busca do Perdão (acompanha CD com exercícios de meditação)
- Conversando com os Espíritos
- A Força da Vida

Salle Redfield
- Descobrindo a Alegria de Viver (acompanha CD com exercícios de meditação)

Richard Carlson e Benjamin Shield
- Os Caminhos do Coração
- Ao Encontro de Deus

David Colbert
- O Mundo Mágico de Harry Potter

Shirley MacLaine
- O Caminho – Uma jornada do espírito

Neale Donald Walsch
- Uma Amizade com Deus
- Comunhão com Deus
- Aprendendo a Conviver com Quem se Ama

Sua Santidade, o Dalai-Lama
- Uma Ética para o Novo Mundo
- Palavras de Sabedoria
- Minha Terra e Meu Povo
- O Livro de Dias – Mensagens de sabedoria e compaixão

INFORMAÇÕES SOBRE OS PRÓXIMOS LANÇAMENTOS

Para receber informações sobre os próximos lançamentos da EDITORA SEXTANTE, queira entrar em contato com nossa Central de Atendimento, dando seu nome, endereço e telefone para:

EDITORA SEXTANTE
Av. Nilo Peçanha, 155 - Gr. 301 - Centro
20020-100 - Rio de Janeiro - RJ
Tel.: (21) 2524-6760 - Fax: (21) 2524-6755
DDG: 0800-22-6306 (ligação gratuita)
E-mail:atendimento@esextante.com.br

Para saber mais sobre nossos títulos e autores, e enviar seus comentários sobre este livro, visite o nosso site:

www.esextante.com.br